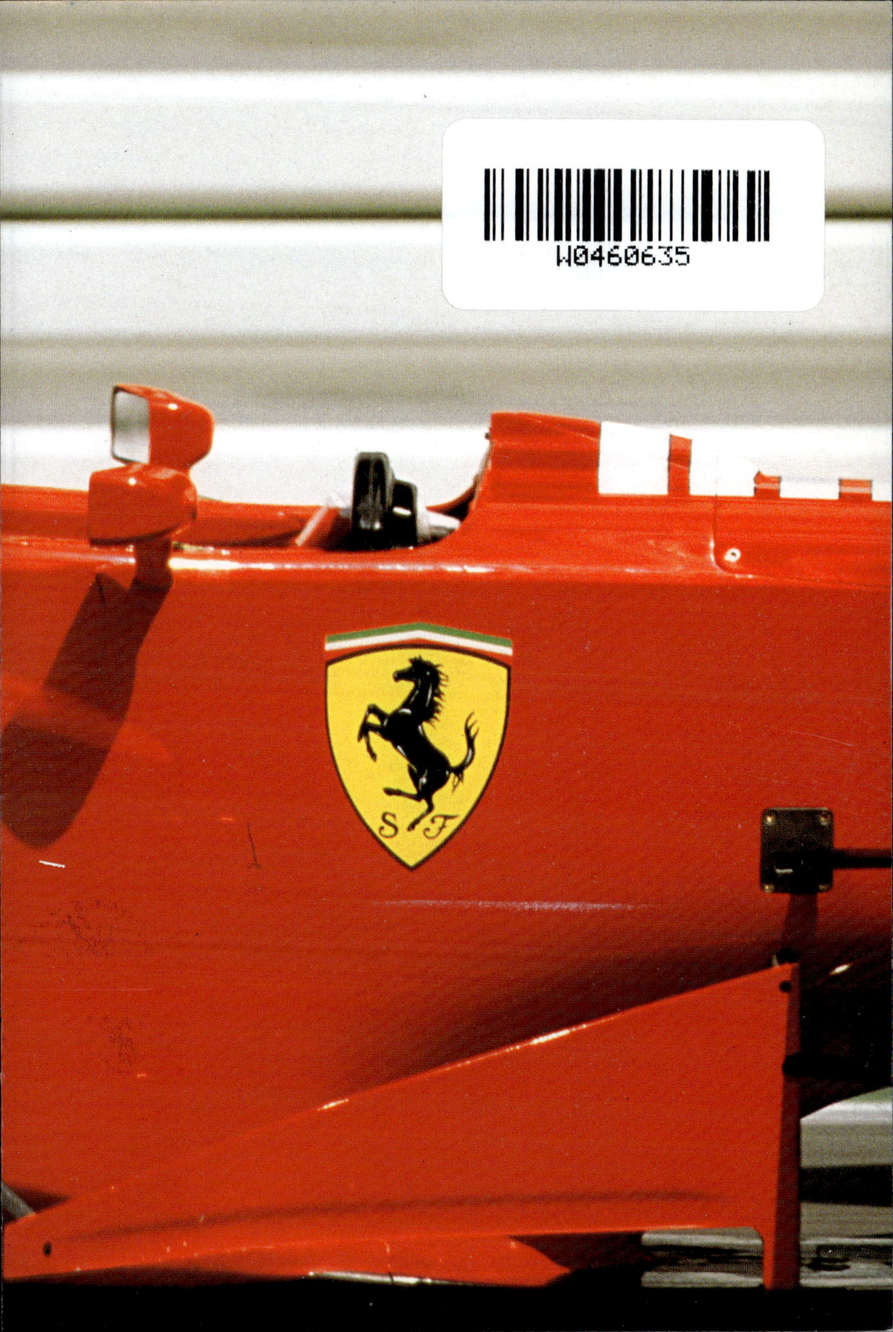

Labatt
SIMPSON
SIMPSON
LONGINES
LONGINES
Agip

27
Agip
Marlboro
ALESI
Agip
Marlboro

Asprey
PIONEER
GOOD YEAR
EAGLE
BBS
06-38
TELE

Jean-Louis Moncet est journaliste, spécialiste de la Formule 1 au magazine *Sport-Auto* et commentateur des Grands Prix de Formule 1 sur TF1 depuis 1971. Il a publié notamment *Peugeot 205, histoire d'un défi,* avec Jean Todt (éditions Flammarion), *Maître de mon destin,* avec Alain Prost (éditions Lafont), *Renault F1 : les années turbo*, avec Bernard Dudot (éditions Albin Michel), *Paris-Dakar, 10 ans* (éditions Albin-Michel).

Pour Françoise et Séverine, qui supportent les saisons des Grands Prix de Formule 1 depuis 1971.

*1er dépôt légal : novembre 1997
Dépôt légal : juin 2001
Numéro d'édition : -0762
ISBN : 2-07-053436-7
Imprimé en Italie
par Editoriale Lloyd*

LA MAGIE FERRARI

Jean-Louis Moncet

DÉCOUVERTES GALLIMARD
ART DE VIVRE

En 1962, Enzo Ferrari, âgé de soixante-quatre ans, a déjà une stature internationale. Ses voitures de course et de production ont forgé sa réputation et porté au firmament de l'automobile le célèbre emblème du «*cavallino rampante*», le petit cheval cabré. Que manque-t-il à l'œuvre accomplie par cet homme sinon un livre ? Il l'écrit lui-même et l'intitule *Mes Joies terribles*.

CHAPITRE PREMIER
NAISSANCE DE LA SCUDERIA FERRARI

«Comme pilote, je ne pense pas m'être trop mal comporté.» Le coureur Ferrari cèdera vite la place au créateur de la Scuderia qui fonctionnera neuf ans comme la «filiale» sportive d'Alfa-Romeo, avant de prendre son indépendance en 1939. A droite, de face, la 815, première voiture d'Enzo Ferrari, constructeur.

Enzo Ferrari, par lui-même

Mes Joies terribles (*Le Mie Gioie terribili*) paraissent en novembre 1962 et seront constamment rééditées. L'un de ses chapitres, «Les Pilotes, quel monde» («*Piloti, che gente*») constitue à lui seul un autre livre qui est aujourd'hui le bréviaire de tous les Ferraristes. Evidemment, Enzo Ferrari y justifie la plupart de ses actes et de ses décisions, avec une légère tendance à embellir la vérité, à se donner le beau rôle ou à se mettre en scène dans un schéma qu'il affectionne particulièrement : le garçon parti de rien et qui n'a pas fait grand-chose. Dans l'une de ses dernières conférences de presse, de sa petite voix aigrelette, curieuse pour un homme mesurant presque 1,90 mètre, il fera rire une assistance venue du monde entier, en se résumant ainsi, d'un ton caustique et en apparence dépité : «Je suis un garçon de la banlieue, qui n'a même pas inventé l'eau chaude.»

Jour de première communion à Modène. Enzo Ferrari enfant, à gauche, avec son frère Alfredo et ses parents, en 1900. A l'inverse d'Alfredo, le petit Enzo n'est pas un bon élève et a une «sincère aversion pour les études». «Tu dois être ingénieur» ne cesse de lui répéter son père, probablement pour qu'il assure la succession dans l'affaire familiale, et Enzo de répondre : «Je veux aller travailler.»

«J'ai ressenti une violente émotion»

«Le froid, le vrai froid a été un peu le dénominateur commun de ma vie dans ses quelques moments importants. Déjà, quand je suis né, le 20 février 1898 à Modène. J'ai vu le jour le 18, mais durant ce mois-là, la neige était si haute, me racontait ma mère, qu'il fut possible deux jours plus tard seulement d'aller me déclarer à l'état civil.»

Le père d'Enzo Ferrari possède une petite maison au-dessus de son atelier de charpentes métalliques dans la banlieue de Modène. Il parle souvent de course automobile avec son fils Alfredo, de deux ans l'aîné d'Enzo, et c'est avec eux que ce dernier découvre la course automobile en 1908, à l'âge de dix ans. Il s'agit d'une épreuve qui se déroule sur le circuit de Bologne, serpentant sur la Via Emilia et la Persicetana : «J'ai ressenti une violente émotion, écrit Enzo Ferrari. C'était Vincenzo Lancia qui avait bouclé le tour le plus rapide, mais Nazzaro remporta la victoire finale à une moyenne approchant les 120 km/h.»

La Première Guerre mondiale survient. Le père d'Enzo Ferrari est emporté par une pneumonie en 1916, et Alfredo meurt également cette année-là d'une maladie contractée dans les rangs de l'armée italienne où il s'était engagé volontairement. Enzo Ferrari pour sa part est appelé sous les drapeaux en 1917 et incorporé au 3e régiment d'artillerie de montagne où il est assigné au service «qui ferrait les mules», c'est-à-dire le maréchal-ferrant.

Libéré à la fin de l'année 1918, il obtient de son colonel une lettre de recommandation qu'il présente chez Fiat. Mais le plus grand constructeur automobile italien n'a pas assez de place pour accueillir tous les jeunes gens au sortir de la guerre : «C'était l'hiver 1918-1919, très rigoureux.

Sur le circuit de Bologne deux épreuves se succèdent les 6 et 7 septembre 1908 (ci-dessous, une affichette de l'Automobile Club de Bologne pour ces courses) : la Coupe Florio et la Targa de Bologne le lendemain. Le jeune Enzo Ferrari, qui y assiste, est impressionné par le pilote Felice Nazzaro, que l'on voit, en bas, lors de la Targa Florio de 1907.

Enzo Ferrari (Alfa Romeo) vince

Je me retrouvai à la rue, je grelottais dans mes vêtements. Je traversai le Parc Valentino à Turin, j'écartai la neige avec la main et je me laissai choir sur un banc. Le découragement me prit et je pleurai.»

Une «petite vocation», pilote de course

Enzo Ferrari trouve néanmoins du travail chez un mécanicien qui «déshabille» de petits véhicules utilitaires pour les faire carrosser ensuite en torpédo car il y existe encore très peu de voitures de série sur le marché. Il part ensuite à Milan pour être engagé par la CMN, Costruzioni Meccaniche Nazionali, un modeste constructeur automobile chez qui il devient mécanicien, puis essayeur, avant d'être tarabusté par «une petite vocation, celle de pilote de course. Je dis "petite", poursuit-il, par rapport à ma deuxième vocation, qui devait occuper, immerger entièrement, dramatiser aussi toute ma vie : celle de constructeur.»

L'essayeur Ferrari prend part à sa première épreuve en 1919 lors de la première édition de la course de côte Parme-Poggio di Berceto, dans laquelle il se classe en 4e position sur sa CMN Il dispute ensuite la Targa Florio avant de devenir en 1920 pilote à part entière, avec une Isotta-Fraschini, puis avec une Alfa-Romeo. Dans ses souvenirs, Ferrari placera au-dessus de ses bons classements ou de ses victoires, ce début d'année 1920 où il devient pilote officiel Alfa-Romeo, l'un des rares constructeurs de l'époque à faire de la course automobile son outil de recherches et de développement ainsi que sa promotion commerciale.

il terzo Circuito di Alessandria

Francesco Baracca, un des as de l'armée de l'air italienne pendant la Grande guerre, avait été abattu le 19 juin 1918 au-dessus de Montello. D'où provenait le petit cheval cabré ornant son Spad SVII? La version officielle explique que la 91e escadrille de Baracca appartenait au Royal Piémont-Savoie, régiment de cavalerie fondé en 1692 par Victor-Amédée II de

Savoie, dont l'emblème était un cheval cabré. Selon une autre version, Baracca aurait abattu un aviateur allemand dont l'appareil portait les armoiries de Stuttgart, où figure un cheval cabré noir. En haut, titre d'*Il Littoriale* du 30 avril 1928. Au centre, l'équipe Alfa à Monza en 1923 (de gauche à droite : Rimini le commercial, Nicola Romeo le patron et Enzo Ferrari, le pilote). En bas, à gauche, la première course d'Enzo Ferrari.

L'apparition du «cavallino rampante»

Des victoires, le pilote Ferrari en obtient : s'il considère celle de Pescara en 1924 comme la plus belle, car obtenue devant les pilotes de Mercedes, celle de Ravenne en 1923 a une résonance particulière. Après son succès, sur le circuit du Savio à Ravenne, il fait la connaissance du comte Enrico Baracca et de sa femme la comtesse Paolina qui lui dit un peu plus tard : «Ferrari, mettez sur votre machine le petit cheval cabré de mon fils, il vous portera chance.» «Le petit cheval était noir, précise Ferrari, et il est resté noir. J'ai ajouté un fond jaune canari, car c'est la couleur de Modène.»

Le sigle de la Scuderia Ferrari tel qu'il apparait sur le papier à lettres de la toute jeune écurie dont le siège administratif et les ateliers sont installés, Viale Trento Trieste à Modène (ci-dessus). Le comte Trossi, l'un des pilotes, est nommé président de la Scuderia Ferrari en 1932.

L'emblème du *cavallino* apparaîtra pour la première fois apposé sur le capot des Alfa-Romeo de la Scuderia Ferrari les 9 et 10 juillet 1932, lors des 24 heures de Spa-Francorchamps en Belgique.

La naissance de la Scuderia Ferrari chez Alfa-Romeo

Comme pilote Alfa-Romeo dans les années vingt, Enzo Ferrari s'est taillé une assez bonne renommée. Plutôt que fin conducteur, il est considéré comme un garçon énergique et bien organisé. Son fils Dino (diminutif d'Alfredino) ayant vu le jour en janvier 1932, il décide de ne plus jamais conduire en course. Il met fin à sa carrière de pilote le 14 juin 1931 à la course de côte de Bobbio-Monte Penice.

Entre-temps, il a mis toutes ses activités et son énergie au service d'Alfa en tant que «pilote, organisateur, directeur sans compétence clairement définie», c'est-à-dire «agitateur d'idées» comme il se décrira plus tard. Il dirige également la filiale commerciale d'Alfa-Romeo dans sa province natale, l'Emilie-Romagne, et fréquente ses clients qui

Le 14 juin 1931, après une victoire dans la course de côte de Bobbio-Monte Penice, où on le voit ici en action à bord de son Alfa-Romeo, Enzo Ferrari, futur papa, prend la décision d'arrêter la compétition. On le reverra en course le 9 août 1931 sur le circuit des Trois Provinces, toujours sur Alfa-Romeo, mais ce sera l'une de ses dernières compétitions. Désormais, il se préoccupera à temps complet de la Scuderia et du service-courses Alfa.

achètent des Alfa pour courir. Au cours d'un dîner, le 29 novembre 1929 avec les frères Alfredo et Augusto Caniato, commerçants en chanvre, et Mario Tadini, tous trois coureurs automobiles amateurs, Enzo Ferrari émet cette idée : «Ecoutez-moi, je vois que courir vous plaît. Pourquoi n'organiserions-nous pas une écurie ? On dépenserait moins d'argent.» Ce qui fut dit fut fait, et le 1er décembre 1929, dans l'étude de maître Enzo Lévi à Modène, sont déposés les statuts de la Scuderia Ferrari, que son concepteur voulait appeler «Mutina» (Modène en dialecte), et que maître Levi lui conseilla d'appeler Ferrari.

C'était en quelque sorte une écurie privée, comme il y en a beaucoup aujourd'hui, mais elle se révélera au fil des années si compétitive qu'elle deviendra le service-course officiel d'Alfa-Romeo. Elle fera ainsi courir quelques-unes des plus belles Alfa : les 1750, les P2, les 8C Monza, les P3, les 12C. A leur volant, se succéderont les plus grands pilotes de l'époque : Tazio Nuvolari bien entendu, Achille Varzi, Guy Moll, mais également Brivio, Campari, Borzacchini, Pintacuda, Chiron, Dreyfus et Farina qui allait être le premier champion du monde de l'histoire.

C'est une équipe extraordinaire que la Scuderia Ferrari présente au départ du Grand Prix de Monaco le 2 avril 1934 sur les Alfa-Romeo P3. On y trouve, de gauche à droite, Marcel Lehoux, Guy Moll, Louis Chiron, Achille Varzi et le comte Trossi à côté d'Enzo Ferrari. Contre les Alfa de la Scuderia, courent les Bugatti de Dreyfus, Wimille et Nuvolari, de même que les Maserati d'Etancelin et Taruffi. La course sera dominée par la Scuderia. Chiron, le régional de l'étape, mène à l'issue du 1er tour et jusqu'au 97e passage, avant de commettre une erreur et de laisser la victoire à Moll, l'un des pilotes préférés d'Enzo Ferrari.

La rupture avec Alfa-Romeo

La Scuderia Ferrari est basée à Modène où Enzo Ferrari fait appeler en 1937 le célèbre ingénieur Giocchino Colombo, élève du non moins célèbre Vittorio Jano. Mais la période est difficile : Mercedes, Auto-Union et les pilotes allemands se taillent la part du lion dans les courses sur toute la surface du globe. Le 1er janvier 1938, Alfa-Romeo décide qu'il faut y remédier et rappelle tout son monde à Milan pour constituer Alfa-Corse (de *corsa*, course).

Alfa-Corse devenait donc le service-compétition officiel du constructeur, absorbant la Scuderia Ferrari.

Modène n'était dès lors qu'une simple succursale «assistance-clients» de Milan. Enzo Ferrari prend donc la direction d'Alfa-Corse et a le temps de faire étudier par Colombo l'Alfa-Romeo 158, la fameuse Alfetta, qui sera la première championne du monde de l'histoire en 1950, avant de se fâcher au cours de l'année 1939 avec l'ingénieur espagnol Wilfrido Ricart, patron technique d'Alfa. Prenant ses cliques et ses claques, il s'en retourne à Modène, mais son contrat avec Alfa-Romeo l'empêche, pendant quatre ans encore, de reconstituer la Scuderia Ferrari, et par là, de construire des voitures.

Tazio Nuvolari, figure légendaire de la course et héros du peuple italien, sert encore de référence aujourd'hui (ici, au départ du Grand Prix de Nice en 1935). Enzo Ferrari, sur la fin de ses jours, le citait parmi les quatre pilotes qui l'avaient vraiment impressionné. Plus que son talent, immense et éclectique, c'est sa ténacité et son acharnement qui feront la réputation du coureur. Alors qu'il avait frôlé la mort à chaque tour de roue, Nuvolari mourra de maladie dans son lit. Au centre, affiche publicitaire Alfa Romeo-Pirelli pour le Grand prix d'Italie de 1933.

L'avant-première Ferrari

Imaginant la parade, il fonde une autre marque, Auto Avio Costruzioni, qui lance le projet 815. La 815 est donc la première Ferrari sans en porter le nom. Pour séduisante qu'elle est, «l'avant-première Ferrari» (comme elle sera surnommée) relève plutôt du bricolage. Car les délais de projet et de construction sont extrêmement courts, quatre mois à peine.
Sous la carrosserie Touring Superleggera, le châssis et les suspensions font largement appel à la Fiat 1100 de l'époque et le moteur 8 cylindres en ligne de 1 500 cm^3 est un habile montage de deux 4 cylindres Fiat mis bout à bout, alimentés par quatre carburateurs Weber inversés. Le tout développe une modeste cavalerie de moins de 80 ch. La 815 fait ses

Lotario Rangoni (à gauche) participe aux premiers essais de la 815 qu'il devait ensuite utiliser lors des 1 000 Milles de 1940. L'autre pilote de la 815 lors de ces mêmes 1 000 Milles est Alberto Ascari (ci-dessous). Il a alors 22 ans. C'est le fils d'Antonio Ascari, l'un des plus grands pilotes du monde durant l'entre-deux-guerres. Antonio Ascari était un «Garibaldien» comme les aimait Enzo Ferrari, et il se tua à Montlhéry en 1925. Alberto, excellent pilote de course de motos, fait ses débuts sur quatre roues avec cette 815. Digne héritier de son père, il sera champion du monde en 1952 et 1953 sur Ferrari.

premiers essais sur route en février 1940 et participe le 28 avril à une édition tronquée des 1000 Milles où elle mène sa catégorie avant de casser.

Le 10 juin 1940, l'Italie entre en guerre. Il n'est plus temps de penser à la course automobile, et la 815 en reste aux deux exemplaires construits dont l'un existe toujours. Pendant la guerre, Ferrari

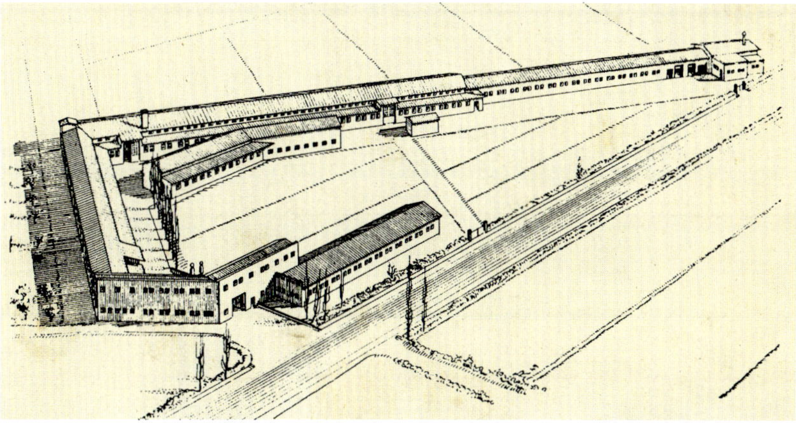

travaille comme sous-traitant de la compagnie nationale aéronautique de Rome, puis construit des machines-outils, des fraiseuses-rectificatrices oléo-dynamiques. Mais avant de lancer cette entreprise, nécessitant plus d'une centaine d'ouvriers, il lui faut une véritable usine. Dans les derniers mois de 1943, il fait transférer ses ateliers à Maranello, une bourgade éloignée d'une quinzaine de kilomètres de Modène. Pour bon nombre d'automobilistes, de pilotes et pour des millions de passionnés, cette bourgade va devenir le centre du monde.

Installé à Maranello dès 1943, Enzo Ferrari y demeurera la guerre finie. On peut constater sur ce plan qu'il avait prévu une structure moderne avec un grand bâtiment apte à abriter une ligne de construction de voitures.

Enzo Ferrari pense toujours à la course. Il fait venir à Maranello Colombo, son ingénieur préféré. Se souvenant d'avoir été ébloui par un moteur américain, un Packard 12 cylindres, Ferrari le presse de l'étudier. Cette architecture symbolisera les Ferrari presque autant que le petit cheval cabré. Au sortir de la guerre, l'usine de Maranello s'attelle à un véritable projet de voiture de course : la 125 S qui porte en elle les racines de la marque.

CHAPITRE II

FERRARI, UNE MARQUE POUR LA GLOIRE

En 1957, dix ans après la 125 S, et toujours dans la voie du 12 cylindres, est créée la 335 S (ci-contre le tableau de bord). A gauche, discutant avec le directeur sportif Ugolini, Ascari, pilote mythique de la Scuderia et premier champion du monde sur Ferrari.

125 S : la première Ferrari

Tout d'abord, et à l'instar de nombreuses autres Ferrari, la 125 S est avant tout... un moteur. Un 12 cylindres donc, de 1 500 cm³ développant 72 ch à 5 600 tr/min. Son appellation de 125 est aussi un point de repère : la plupart des Ferrari recevront un chiffre de naissance, donc une appellation, basé sur la cylindrée unitaire, c'est-à-dire le volume d'un cylindre. En l'occurrence pour la 125 S, la cylindrée unitaire est de 124,73 cm³ et en arrondissant, on arrive à 125. Plus tard, il y aura la série des 159 (12 cylindres, 1,9 litre de cylindrée, cylindrée unitaire de 159 cm³), puis les 166, (12 cylindres, 2 litres de cylindrée, cylindrée unitaire de 166 cm³), puis les 250, les 275, les 340 et les 375...

Enfin, et ce n'est pas le moindre, Enzo Ferrari est libéré de son contrat restrictif avec Alfa-Romeo, et sur le nez de la 125 S, au-dessus de la calandre, peut enfin être apposé le *cavallino rampante* et le nom de Ferrari.

Premier départ de la 125 S en mai 1947 à Plaisance, Cortese est au volant. A ses côtés sur la première ligne, Angiolini sur Maserati et Rovelli sur BMW. A gauche, l'ingénieur Colombo (avec Sanesi, pilote d'une Alfetta 158 au Grand Prix de Suisse 1947), qui a suivi Ferrari après son départ d'Alfa, est le concepteur du premier moteur 12 cylindres Ferrari qui anime la 125 S.

Une victoire décisive

Le premier passage au banc d'essais du moteur de la 125 S a lieu en septembre 1946. Le 12 mars, châssis et moteur à nu, sans carrosserie, sont testés sur la route par Enzo Ferrari lui-même, entre Maranello et Formigine. Et le 11 mai 1947, Ferrari engage deux 125 dans une première course, à Plaisance, confiant le volant de la 125 S (pour Sport) à un pilote sérieux et solide plutôt que réellement ambitieux, Franco Cortese, et une 125 C (pour Competizione), un peu plus puissante, à l'une des grandes vedettes de

Considérée par les spécialistes comme «l'acte de naissance» de la 125 S., cette photo montre Enzo Ferrari aux commandes de la 125 S qui n'a pas encore reçu sa carrosserie (ci-dessous). Derrière lui, le personnel est rassemblé. Une tradition vient de naître qui veut qu'Enzo Ferrari soit le premier à essayer chaque nouveau modèle. Autre marque de la tradition : le moteur, le 12 cylindres en V à 60°, est en évidence. Enzo Ferrari admettra sur ses vieux jours qu'il a longtemps sous-estimé l'importance des châssis par rapport aux moteurs. C'est en cela que la 125 S (ci-contre) est un symbole : le moteur est magnifique, mais la robe est quelconque, à l'inverse de l'élégante 815, dont le moteur n'était pas véritablement noble.

l'époque, Nino Farina. Mais à la suite de divers problèmes, le bouillant Farina ne peut prendre le départ. En tête, Cortese renonce à trois tours de l'arrivée sur rupture de la pompe à essence. Mais l'essentiel est fait : la Ferrari a bien marché. C'est donc partie remise et le 25 mai, sur le circuit des Thermes de Caracalla à Rome, Cortese gagne le Grand Prix de Rome.

Une date symbole dans l'histoire de Ferrari, qui sera retenue cinquante ans plus tard pour commémorer le cinquantenaire de la marque.

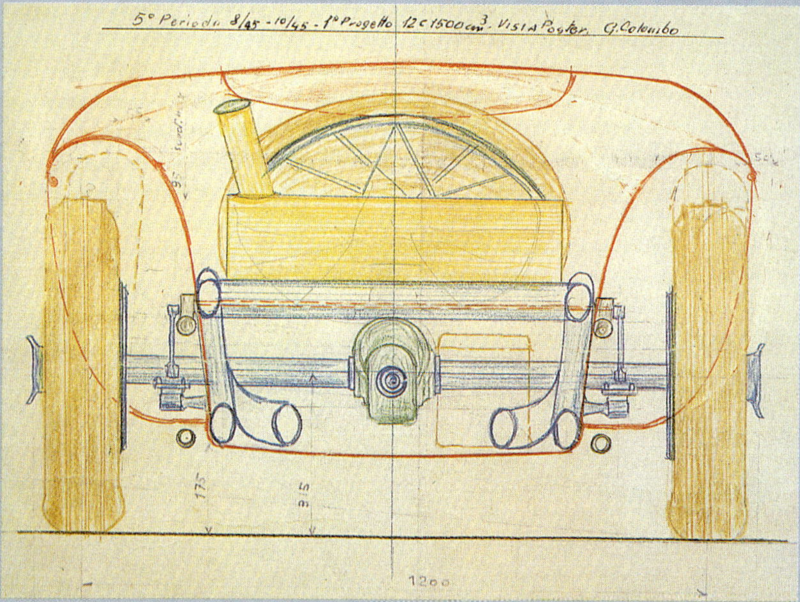
5° Periodo 8/45 - 10/45 - 1° Progetto 12 C 1500 cm³
175
315
1200

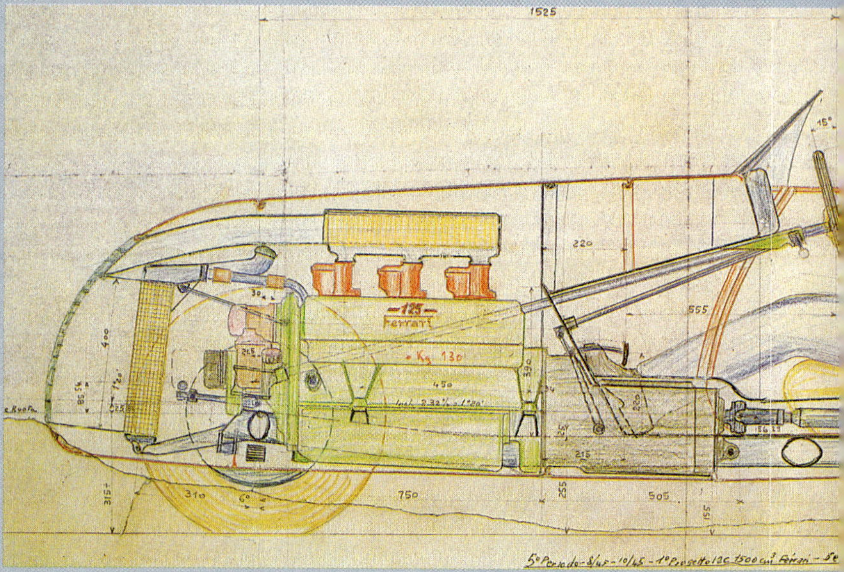
1525
15°
220
555
125
Ferrari
Kg 130
450
390
400
310
750
505
215
5° Periodo - 8/45 - 10/45 - 1° Progetto 12 C 1500 cm³ Ferrari

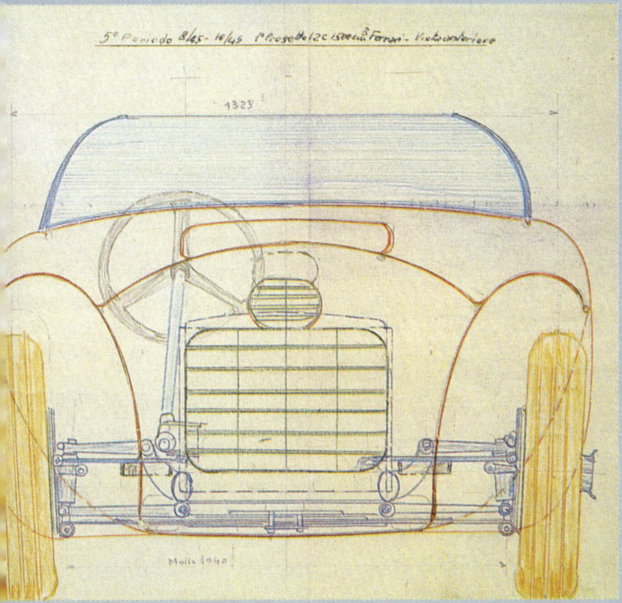

Ces premiers croquis de l'ingénieur Gioacchino Colombo définissent les grandes lignes de la 125. On y distingue, en bas, sur la vue de profil, la position très avancée du moteur 12 cylindres occupant pratiquement tout l'avant de la voiture de type barquette (*barchetta* en italien), un type qui restera longtemps cher au cœur de Ferrari. Accouplée au moteur, on note la présence de la très grosse boîte de vitesses à cinq rapports, ce qui n'est pas très courant en 1946. L'ensemble moteur/boîte de vitesses forme à peu près la moitié de la voiture. A n'en pas douter, ce sont là des directives imposées à Colombo par Ferrari. Sur cette ébauche sont également visibles les caractéristiques de la suspension : à l'avant, quadrilatères avec lames transversales inférieures, roues indépendantes bien entendu. A l'arrière, un pont rigide avec lames de ressort longitudinales, barre antiroulis et amortisseurs hydrauliques, ceux-ci constituant un certain raffinement mécanique pour l'époque.

Plusieurs années après la naissance de la 125 S, Enzo Ferrari (au centre), assiste à l'essai de l'une de ses voitures, le moteur toujours à découvert. Ce moteur V12 à 60° dessiné par Colombo, sera à la base de toute une lignée de V12 Ferrari. Dans sa configuration originale, le premier V12 (ci-dessous et en fond) possède déjà un bloc et des culasses en alliage léger. Avec un alésage de 55 mm pour une course de 52,3 mm, sa cylindrée est de 1.496,77 cm^3, la cylindrée unitaire étant exactement de 124,73 cm^3 (soit, 125 cm^3). Ce premier moteur développe 100 ch. à 7000 trs/mn.

Un 12 cylindres, et rien d'autre

Le deuxième semestre de 1947 et les trois années qui suivent constituent pour Ferrari ce point de non-retour qui l'entraînera à devenir un vrai constructeur automobile. Cela pour plusieurs raisons.

Après le succès de Cortese, les Ferrari, devenues des 159 S à la suite d'un accroissement de leur cylindrée, participent à de nombreuses épreuves. L'une d'elles, le Grand Prix de Turin, le 12 octobre 1947, est déterminante. Ferrari en effet y engage un pilote de premier plan, Raymond Sommer, l'«inoubliable champion français au bonnet de course blanc et au foulard à pois». Sommer gagne le Grand Prix de Turin, non sans dire à Enzo Ferrari : «La voie du 12 cylindres sans compresseur est la bonne.» Des propos qui confortent l'homme de Maranello dans ses choix techniques. L'année suivante, le 5 septembre, dans ce même Grand Prix de Turin, Ferrari affronte pour la première fois Alfa-Romeo, Maserati et Talbot dans une course de dimension internationale.

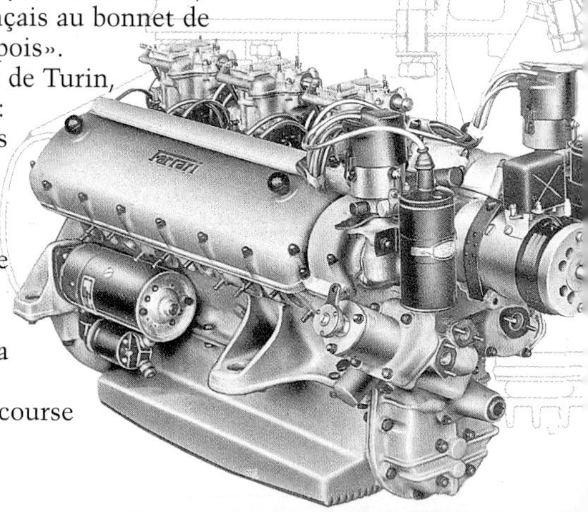

Jean-Pierre Wimille, l'as français, gagne sur Alfa, Villoresi termine deuxième sur Maserati, et Sommer, troisième sur Ferrari, suscite cette réflexion d'Enzo Ferrari : «J'étais définitivement convaincu que nous étions sur la bonne voie.»

Entre-temps, intervient en 1948 un facteur extrêmement important : Ferrari commence à vendre des voitures de course, des 166. Ses premiers clients sont d'un côté le prince Igor Troubetzkoy, l'ami de l'actrice Barbara Hutton, qui crée l'écurie Inter avec Sterzi et Zehender, de l'autre deux Milanais, les frères Gabriele et Soave Besana, qui souhaitent courir en Amérique du Sud. A partir de là, les Ferrari commencent à acquérir une réputation au-dehors des limites de la péninsule italienne et les plus grands pilotes s'essayent victorieusement à leur volant.

Création du championnat du monde : 1950

Le sport automobile vit les heures folles de l'après-guerre. En fait, chaque grande ville d'Europe ou d'Amérique veut avoir sa course, le tout dans une réglementation anarchique. Aussi, quelques autorités sportives responsables, réunies dans une commission internationale, tentent d'y remédier. C'est ainsi qu'est établi, début 1950, un calendrier pour l'année ainsi qu'une réglementation déterminant plusieurs formules techniques, dont la formule n°1, qui allait devenir la F1 telle qu'on l'appelle aujourd'hui. Parallèlement, un Championnat du monde des conducteurs est créé, admettant des voitures de la formule n° 1, c'est-à-dire des monoplaces avec des moteurs 1 500 cm³ à compresseur, ou

Les Alfetta 158, créées avant-guerre par Colombo selon le cahier des charges d'Enzo Ferrari, domineront les premiers grands prix de l'après-guerre. Ici Giuseppe «Nino» Farina gagne le Grand Prix d'Italie à Monza, en 1950, et devient le premier champion du monde de l'histoire.

des moteurs 4500 cm^3 à respiration atmosphérique.

La manche d'ouverture de ce championnat se tient au Grand Prix d'Europe, le 13 mai 1950, sur le circuit de Silverstone.

Curieusement, Ferrari n'y participe pas et engage ses voitures dans une course de la formule n° 2 – des F2 donc – à Mons en Belgique, le 14 mai. Pourquoi ? Tout simplement parce que les primes de départ accordées par les organisateurs de Mons sont plus sonnantes et trébuchantes que celles octroyées aux participants par les organisateurs de Silverstone.

Compatriote de Fangio, Froilan Gonzalès gagne le Grand Prix de Grande-Bretagne à Silverstone en 1951 avec la Ferrari 375 F1, mue par un moteur 4,5 litres à respiration atmosphérique. C'est la première victoire de Ferrari en F1 dans un grand prix comptant pour le championnat du monde.

La victoire historique de Froilan Gonzales

En revanche, huit jours plus tard, le 21 mai 1950, la Scuderia Ferrari est au départ du Grand Prix de Monaco, la deuxième manche du Championnat du monde des conducteurs. Il faudra onze grands prix à Ferrari pour obtenir sa première victoire en F1. Au cours de la saison 1950 qui comporte six grands prix de F1 et les 500 miles d'Indianapolis, l'Alfa-Romeo s'avère imbattable, Indianapolis excepté.

Quelle Alfa-Romeo ? L'Alfetta, la 158, 1500 cm^3 à compresseur, qu'Enzo Ferrari et Giocchino Colombo ont projetée et construite, avant-guerre à Modène. Nino Farina est le premier champion du monde de l'histoire, en 1950. En 1951, c'est Juan-Manuel Fangio, toujours avec l'Alfetta. Néanmoins, la partie livrée par Fangio cette année-là est autrement plus difficile que celle livrée par Farina au cours de la saison précédente.

En effet, au cours de la saison 1951, un adversaire de taille s'oppose à Alfa-Corse : la Scuderia Ferrari, avec ses 375 à moteur 4,5 litres. Et le 14

juillet 1951, lors de la 5e épreuve de la saison, le Grand Prix d'Angleterre, l'Argentin Froilan Gonzalès obtient une incontestable victoire avec sa 375 devant l'Alfetta de son compatriote et ami Fangio. Une Ferrari gagnant devant l'Alfa-Romeo qu'il a conçue, Ferrari a cette phrase théâtrale comme il les aime tant : «C'est comme si j'avais tué ma mère.»

Les trompettes de la renommée

La 375 marque le début de la fin pour les moteurs suralimentés. Une nouvelle ère s'ouvre dans l'histoire de la course et les trompettes de la renommée sonnent pour Ferrari. Le 29 juillet de la même saison, la 375 gagne le Grand Prix d'Allemagne, puis, le 16 septembre, le Grand Prix d'Italie avec celui qui va devenir le héros de tout un peuple, et le premier champion du monde de la Scuderia en 1952 et 1953 : Alberto Ascari. Durant cette période, Ferrari ne se bat pas uniquement sur le front de la F1.

En 1952, le règlement technique change, et le championnat du monde des Conducteurs se joue en F2. La Scuderia Ferrari sort donc une fabuleuse 500 F2 avec un moteur 2 litres à 4 cylindres en ligne. Cette période 1952-53 est aussi marquée par la consécration d'un géant : Alberto Ascari (en bas avec Enzo Ferrari à Monza). Il disputera trente-deux grands prix et en gagnera treize dont six d'affilée en 1952, et cinq en 1953, qui lui apporteront deux titres mondiaux, tous sur Ferrari. Il devient le héros de la planète automobile. Son célèbre casque bleu clair et son polo de la même couleur dans l'habitacle de la Ferrari rouge appartiennent à la légende.

“Comme pilote, Alberto Ascari avait un style précis et résolu, mais il avait absolument besoin de partir en tête. Car lorsqu'Ascari était en tête, il était difficile de le dépasser, j'oserais même dire impossible. [...] Ascari, au contraire des autres pilotes, se sentait parfaitement à l'aise lorsqu'il faisait le lièvre; à ce moment-là, son style devenait superbe et sa voiture hors d'atteinte.”

Enzo Ferrari, *Piloti, che gente*

Mille Miglia: record di Gia

Les 1000 Milles sont pour «l'ingeniere» une des courses les plus importantes (nombre de ses voitures porteront le sigle MM). Pour lui, «aucun pilote ne peut se targuer d'avoir un palmarès complet s'il n'y figure pas une victoire à Brescia» (en haut, la Une de *Tuttosport* du 27 avril 1953). Mais Ferrari n'ignore pas la réputation d'épreuves internationales comme Le Mans. Le 16 juin 1954, Maurice Trintignant et Froilan Gonzalès remportent les 24 heures (ci-dessus) après une somptueuse bataille avec la Jaguar Type D de Tony Rolt et Duncan Hamilton. La Ferrari est la 375 Plus, dérivée de la 375 MM, avec un 12 cylindres de 5 litres.

Ses voitures se forgent également un joli palmarès dans la catégorie Sport, et cela dans diverses épreuves d'endurance, comme les 1000 Milles ou les 24 heures du Mans.

Et puis, sur des châssis Ferrari, quelques carrossiers de grande réputation commencent à dessiner de jolies petites berlinettes. Au cours de toute l'histoire de Ferrari, ces maîtres-carrossiers seront Alemano, Boano, Bertone, Ellena, Ghia, Pininfarina, Scaglietti, Touring, Vignale (avec Michelotti, son chef-dessinateur), Zagato, Stabilimenti Farina (de la famille du champion du monde Nino Farina), et même un carrossier anglais : Abbot.

Les premières Ferrari de route et de série

Ces berlinettes, ces voitures Sport sont évidemment taillées pour la course, mais certains clients commencent de les utiliser à la ville comme à la campagne, pour des voyages de longue haleine. A l'époque, le voyage ferroviaire n'est pas très rapide, et le voyage aérien presque confidentiel; il faut dévorer le bitume pour ne pas manquer la saison d'été dans les grandes villes d'eaux européennes ou bien la saison d'hiver au casino de Monte-Carlo.

no Marzotto (Ferrari 4100)

Enzo Ferrari impose alors ses voitures dans ce qu'on appelle le grand tourisme, exigeant qu'à chaque modèle de course correspondent une berlinette ou un cabriolet un peu plus civilisés et luxueux. Ainsi, le cabriolet 212 Inter de Vignale en 1951 ou le cabriolet Pininfarina en 1952, assorti d'un coupé en 1953. Il faut d'ailleurs noter à ce propos un autre point de repère important : à quelques exceptions près, les numéros de châssis (attention : à ne pas confondre avec les numéros de modèles comme 166 ou 212) sont des numéros pairs pour les voitures de course et des numéros impairs pour les voitures de route.

Ferrari a construit trois voitures en 1947, cinq en 1948, vingt et une en 1949 et les chiffres vont croissant. Les premières petites séries de Ferrari apparaissent à partir de 1950 : il y a dix-sept 166 en 1950, entre quatre-vingts et quatre-vingt-dix 250 GT entre 1956 et 1957. Cependant, malgré les ventes et les succès sportifs, Maranello tire tout de même le diable par la queue, car la course automobile, les progrès sans cesse plus importants des nouvelles technologies, le prix d'achat des matériaux et l'exploitation des machines constituent un gouffre financier.

En 1948 et 1949, le carrossier Touring décline le châssis de la 166. Ci-dessous une planche présentant les trois variantes des carrosseries «super-légères» («dessinées par le vent») préparées pour Ferrari : de haut en bas, la barquette de compétition, la berlinette de compétition et l'élégante grand tourisme.

Quelques grands classiques de la production Ferrari sont réunis ici. Page de gauche en haut, la 375F1, voiture-symbole et victorieuse en 1951. Ici conduite par Froilan Gonzalès qui en reprendra le volant lors des fêtes du cinquantenaire de Ferrari à Rome en mai 1997. En bas, une autre lignée de Ferrari très appréciée des puristes pour sa ligne : celle des 860 Monza et 290MM. La Monza était équipée d'un gros 4 cylindres. Très rapidement, sous la même carrosserie est installé un V12, la voiture prend alors l'appellation de 290MM. La 860 gagne les 12 heures de Sebring en 1956 avec Fangio et Castellotti ; ce dernier remporte les 1 000 Milles de 1956 avec une 290MM.
Page de droite en haut, un autre monstre sacré : la 250GT châssis court (*passo corto* en italien) qui existe à la fois en grand tourisme de route, mais également en version compétition (modèle du milieu). En bas, autre 250GT, le splendide spider California.

Lancia, Fiat : des ballons d'oxygène

En homme habile et disposant d'une tribune permanente grâce aux exploits de ses pilotes et de ses voitures, Enzo Ferrari sait faire entendre sa voix et a l'art de flatter la fibre nationaliste des Italiens. En 1950, il fait un premier appel aux responsables de Fiat. Mais c'est d'une firme concurrente, Lancia, que Ferrari reçoit un coup de pouce en 1955. En effet, cette même année, l'ingénieur Vittorio Jano élabore une superbe F1, la Lancia D50 destinée à Alberto Ascari, qui a quitté Ferrari pour Lancia. Mais quelques jours après être tombé dans le port de Monaco avec sa Lancia au cours du grand prix le 3 mai 1955, Ascari se tue à Monza le 26 mai, en essayant une Ferrari Sport, une 750 Monza qu'il devait partager avec Castellotti. La famille Lancia qui fait face à une période difficile prend la décision de cesser ses activités sportives, et le 26 juillet 1955, remet à Ferrari tout son matériel de course, dont les célèbres D50

De nombreux carrossiers ont habillé les Ferrari, mais Pininfarina est l'un des préférés d'Enzo Ferrari. Giovan Battista Pininfarina sera en réalité un complice plus encore qu'un ami pour Ferrari qui disait de lui : «Il a lancé dans le monde la ligne italienne.» Ici, à gauche, l'accord signé 1958 entre le carrossier et le constructeur. Ci-dessous, Fangio, champion du monde en 1956 à bord de la «Lancia-Ferrari», une F1 très élaborée.

qui vont porter le nom de Lancia-Ferrari, des machines très en avance sur la concurrence et avec lesquelles Fangio décrochera un 4e titre de champion du monde pour le compte de la Scuderia Ferrari, en 1956. Mais en 1955, que peut tirer de ces voitures le désargenté Enzo Ferrari ?

Fiat alloue alors à Maranello une aide 50 millions de lires sur cinq ans. Ferrari est sauvé. Ce ballon d'oxygène relance la machine, et en 1959, le petit cheval cabré orne un nouveau fleuron de la marque en figurant sur des voitures réellement… de série. Grâce à un accord avec le maître-carrossier Pininfarina, la maison Ferrari entreprend de faire construire des voitures de grand tourisme par le biais d'une commande de 150 voitures, des 250GT, destinées à être commercialisées. Elles sont toutes vendues. Enzo Ferrari a franchi le pas : il est devenu un constructeur à part entière, et cette fois sans plus jamais négliger l'aspect financier du métier.

Le symbole de la Scuderia en 1956, c'est d'abord la Lancia D50, caractérisée par ses réservoirs latéraux et son moteur V8 déplacé de 12° par rapport à l'axe longitudinal. Ensuite, c'est Peter Collins qui la pilote; il est l'archétype du coureur chevaleresque : disputant lui aussi le titre mondial, il cèdera son volant à Fangio qui marquera les points lui permettant d'être champion du monde (ici, Collins à Monte Carlo en 1956, juste avant de céder sa voiture). Il se tuera en 1958, sur Ferrari.

Labatt
Marlboro
MICHELIN
CHAMPION
Agip
GIACO BAZZI
SMEG
BROOKLYN
CHEWING GUM
Agip

Après la mort de son fils Dino, Enzo Ferrari laisse au groupe Fiat le développement des voitures de production pour se consacrer uniquement à la course. Il entame la mutation de la Scuderia qui récolte médailles et titres mondiaux. L'alchimie Ferrari est à l'œuvre. Le mythe se construit et perdurera malgré la disparition du «commendatore» en 1988.

CHAPITRE III
L'ALCHIMIE FERRARI

Jody Scheckter (à droite) gagne, en 1979, le championnat du monde des Pilotes. Son équipier est Gilles Villeneuve (à gauche). Les deux hommes, très amis, se montreront, l'un vis-à-vis de l'autre, d'une indéfectible loyauté. Héritière du patrimoine Ferrari, la F50 (ci-dessus), née pour le 50e anniversaire de la marque, est construite selon les critères d'une F1, mais adaptés à la route.

Dino

Né dans un environnement entièrement consacré à l'automobile et à la course, formé pour être le successeur de son père, Dino s'était forcément tourné vers l'activité familiale, s'intéressant même à l'élaboration d'un 6 cylindres de Formule 2. Il disparaît en 1956 des suites d'une myopathie musculaire. C'est à lui que seront consacrées les Dino-Ferrari de course et de série.

La mort de ce fils unique laisse Enzo et Laura Ferrari totalement désemparés. Enzo Ferrari aurait pu tout aussi bien abandonner ses activités. Peut-être faut-il voir aussi dans ce drame la cause du relatif et graduel désintérêt de celui qu'on appellera désormais avec respect le «Vieux» pour les voitures de production. Le contact avec ses pilotes de course permet-il à Enzo Ferrari de retrouver ce fils qui lui manque? En tout cas, il délaisse en une dizaine d'années les voitures de production pour ne se consacrer qu'à ses voitures de course. Non sans assurer le devenir de la *produzione*, par un de ces tours de passe-passe dont il a le secret.

En 1949, Dino Ferrari, qui a dix-sept ans, pose au volant de l'une des 166F2 de la Scuderia. Enzo Ferrari fait tout ce qui est en son pouvoir pour donner à son héritier le goût des voitures et de la compétition. Il ne tarde pas à lui confier le volant d'une Topolino 500, puis d'une 1100 TV et enfin d'une Ferrari 2 litres «qu'il essaya tant et tant de fois sur l'autodrome de Modène». Après des études techniques, Dino est intégré parmi les ingénieurs de l'entreprise.

La menace de Ford et l'engagement de Fiat

De l'autre côté de l'Atlantique, les constructeurs américains sont peu impliqués dans la course, antithèse parfaite de l'image de sécurité dont ils veulent environner leurs voitures. La course automobile est pourtant un excellent vecteur d'image, dont le bouillant Henry Ford II aura un aperçu lors d'une de ses visites en Europe : «Je me demande pourquoi je devrais dépenser des millions de dollars en publicité, quand ce monsieur Ferrari se

voit citer tous les lundis matins gratuitement par les journalistes du monde entier.»

Henry Ford décide alors d'acquérir Ferrari. Les tractations se déroulent en avril et mai 1963. C'est, selon Ferrari, un défilé ininterrompu à Maranello «de techniciens, projeteurs, stylistes, commerciaux, publicitaires, juristes et planificateurs» qui fouillent dans toute l'usine sans rien négliger. La presse s'empare de la nouvelle. Mais au moment de conclure, le 20 mai, Enzo Ferrari décline l'offre qui ne lui laisse qu'un semblant de liberté.

L'alerte a été chaude et l'Italie tout entière l'a bien compris. En 1967, Enzo Ferrari rencontre Gianni Agnelli, le propriétaire du groupe Fiat, qui, en 1969, prend 50 % des actions de Ferrari, avec pour objectif de gérer le secteur des voitures de production.

A la mort de Dino, la maison Ferrari attribue son nom à des moteurs F1 et à des machines de course. L'une des Dino les plus célèbres est sans doute la 246 (ci-dessus, une ébauche de 1965). Gianni Agnelli (ici au début de sa présidence) comprend l'intérêt d'une participation de Fiat dans Ferrari. En bas, le projet d'accord avec Ford, rejeté par Enzo Ferrari.

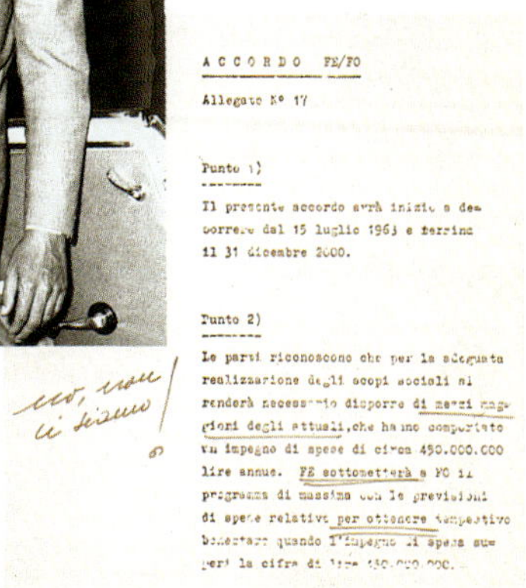

ACCORDO FE/FO

Allegato N° 17

Punto 1)

Il presente accordo avrà inizio e decorrere dal 15 luglio 1963 e termina il 31 dicembre 2000.

Punto 2)

Le parti riconoscono che per la adeguata realizzazione degli scopi sociali si renderà necessario disporre di mezzi maggiori degli attuali, che hanno comportato un impegno di spese di circa 450.000.000 lire annue. FE sottometterà a FO il programma di massima con le previsioni di spese relative per ottenere tempestivo benestare quando l'impegno di spesa superi la cifra di lire 450.000.000.

Vie et mort des champions

Ferrari prend sa vraie dimension. Côté production, les chiffres vont en s'accroissant : de quelques dizaines, Maranello passe à quelques centaines de voitures construites et vendues. Côté sportif, les succès s'ajoutent aux succès. Tout d'abord sous la forme de titres mondiaux, acquis par Mike Hawthorn en 1958, Phil Hill en 1961, John Surtees en 1964. Ensuite, sous la forme de grandes batailles menées ponctuellement sur le terrain des courses d'endurance, à la Targa Florio, aux 12 heures de Sebring, aux 24 heures du Mans ou de Daytona, avec de grandes victoires qui donnent aussi à Ferrari de nombreux titres mondiaux dans la catégorie des Sport-Prototypes. Ces médailles ont leur revers. Les courses automobiles sont alors beaucoup plus dangereuses que celles d'aujourd'hui et Ferrari en payera le prix. Eugenio Castellotti se tue en

Complete 24 Hour Continenta

Washington WNDB-am — Hear "From the Capitol" at 9:30 p.m.

DAYTONA BEACH MORNIN

VOL. XLII NO. 31 DAYTONA BEACH, FLORIDA, MONDAY, FEBRUARY 6, 1967

Ferrari: Primo, Second

Italian Autos Score Sweep; Fords Fizzle

By BERNARD KAHN

Sea Roar Second To Ferraris

BY HELEN LAPOINT

En 1967, les fameuses P4 triomphent de toute concurrence aux 24 heures de Daytona, et notamment des Ford, et qui plus est, sur leur territoire. En bas, Enzo Ferrari dans son bureau avec derrière lui (en partant de la gauche), les portraits de Castellotti, Musso, Fangio, Collins, Portago et Von Trips, tous morts en course sur Ferrari, Fangio excepté.

1957, Lorenzo Bandini en 1967. Il y aura aussi et surtout l'accident du marquis «Fon» de Portago aux 1000 Milles de 1957, au cours duquel plus d'une dizaine de spectateurs sont tués. Enzo Ferrari est mis en accusation. Il faudra attendre la fin d'un procès long et tumultueux pour que la voiture de Portago soit déclarée hors de cause. Mais le vieil

Le 6 septembre 1964, Surtees gagne le Grand Prix d'Italie à Monza sur une 158 F1. A la fin de la saison, il sera le premier champion du monde de motos à devenir champion du monde de F1.

homme de Maranello, qui a la fibre nationaliste, en conçoit une indicible amertume. Il met un point d'honneur à ne plus engager de pilotes italiens. Cette règle, quasiment immuable, lui sera reprochée sans nuance par la presse transalpine . Un débat sans fin, qui contribuera à cloîtrer un peu plus encore l'*ingegnere* Ferrari dans son fief de Maranello.

L'affiche des 24 heures du Mans de 1965, que Ferrari remportera, reprend une photo de la course, de 1964, gagnée aussi par Ferrari.

Savoir-faire et magie Ferrari

La renomméede Ferrari, pourtant, s'en trouve confortée. Une renommée qui tient à ses moteurs 12 cylindres considérés comme de véritables objets d'art, à ses voitures de course tout à la fois efficaces et superbes dans leurs lignes, leurs volumes comme dans leurs détails de construction et de finition, et enfin à ses voitures de production qui reprennent l'image et l'architecture de leurs sœurs aînées testées dans le cénacle de la course automobile. La liste des grandes étoiles de Maranello est impressionnante : les 166 MM, la 375 F1, la 500 F2, les 375 MM, les 315 S et 335 S, les Testa Rossa, les 250 GT de tout poil, la GTO 62 et la GT0 64, les P3, les P4. Des chefs-d'œuvre entrés pour certains dans les collections du musée d'Art moderne de New York, ou présentés lors d'expositions comme celle de la Fondation Cartier.

Cette alchimie, où se fondent la beauté, la gloire et la mort, permet à Ferrari de baigner dans une ambiance, propre à attirer le gotha. Une «jet-set» qui n'est pas encore totalement soumise aux lois de la médiatisation à outrance et dont Enzo Ferrari sait jouer à merveille : de hauts personnages qui n'auraient accepté aucune barrière, aucun refus, se plieront à toutes ses exigences pour obtenir l'une de ses voitures.

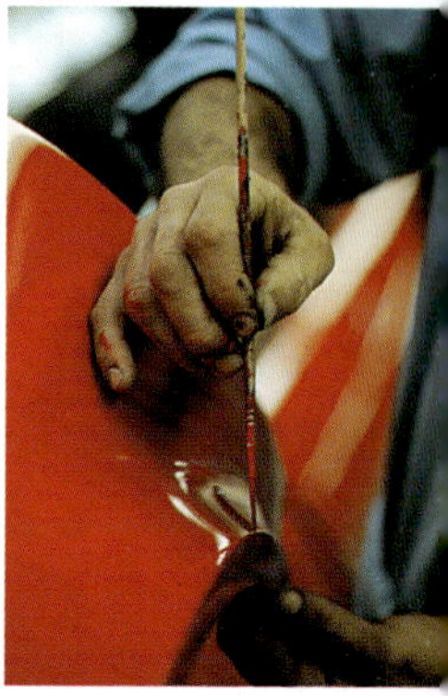

L'usine de production des Ferrari de route est un subtil mélange entre industrie et artisanat. Les voitures sont construites à la chaîne, mais observent à chaque étape un arrêt au cours duquel des artisans apportent leur touche. Il y a d'un côté l'assemblage des éléments de carrosserie, pressés grâce à des machines-outils, de l'autre la fonderie des blocs et culasses des moteurs et des boîtes de vitesses, assemblés dans un atelier spécial, puis installés dans les châssis. Puis viennent le travail sur les luxueux habitacles, la peinture, extrêmement soignée (ici, retouche au pinceau). Chaque jour, dix Ferrari sortent en moyenne de Maranello : 6 à 7 modèles de la «petite» gamme, 2 ou 3 modèles grand luxe et un d'exception, comme la F40 ou la F50. Maranello est l'une des usines les plus visitées dans le monde.

Les étoiles de Maranello

La GTO, objet d'un véritable culte, est en fait une 250 GT homologuée en 1962 pour le championnat du monde («O» comme *Omologazione*). Sur une trentaine produite, il en subsiste une vingtaine, joyaux des plus belles collections. Eparpillées dans le monde, elles sont régulièrement réunies lors de manifestations comme pour leur 35e anniversaire en 1997 (page de gauche). Ci-contre, en haut, un modèle encore plus rare, la 330 P 4 de 1967, une voiture de course conçue pour les épreuves d'endurance. En bas, la 365 GTB 4 surnommée Daytona,.une voiture de ville qui pouvait être préparée pour la course.

965 ER 28

Ferrarissima

Testa Rossa, le terme évoque immanquablement Ferrari, mais désigne plusieurs voitures. Ci-contre, la première en 1957, la 500TRC, (moteur 4 cylindres 2 litres), une des plus belles réalisations du carrossier Scaglietti. Testa Rossa, «culasses rouges», car les têtes de culasses de ses moteurs étaient de cette couleur. En bas à gauche, la 275 GTB de 1965. Dessin original de Pininfarina, carrosserie de Scaglietti, la 275 est considérée comme un chef-d'œuvre par beaucoup. Elle reçoit des moteurs à deux puis quatre arbres à cames en tête. Produite en version de ville, elle se taille de beaux succès, dans la catégorie GT. En bas à droite,

la BB512, c'est-à-dire Berlinetta Boxer. Boxer est l'appellation du moteur de course 12 cylindres à plat qui anime les F1 comme les voitures Sport du championnat du monde des Marques au tout début des années 1970.

Le gotha de Maranello

Le metteur en scène Roberto Rossellini est l'un des tout premiers d'une pléiade de clients célébrissimes. Vieil ami d'Enzo Ferrari et grand amateur de course automobile, il ira jusqu'à disputer les 1000 Milles de 1953 sur un spider 250MM Vignale, parvenant à mi-course à Rome «pour abandonner et se jeter dans les bras de la Bergman» comme l'écrira Ferrari. Ingrid Bergman possédera également une Ferrari, comme celle qui l'avait précédée au bras de Rossellini : Anna Magnani. Dans *Mes Joies terribles*, Enzo Ferrari décrit toutes ces vedettes et têtes couronnées qui lui ont rendu visite à Maranello – car il ne se déplace jamais hors de son fief – ou, mieux encore, qui ont possédé des Ferrari : entre

Anna Magnani s'était-elle rendue sur le tournage du *Carrosse d'or* avec sa Ferrari? C'est probable, car elle aimait les Ferrari pour leur tempérament.

autres, Gino Bartali, Fausto Copi, Françoise Sagan, le roi Léopold de Belgique, le prince Bernard de Hollande,le roi du Maroc Mohamed V, l'Aga Khan, Juan Peron, Sammy Davis Jr, le roi Hussein de Jordanie, le Shah d'Iran et la princesse Soraya qui affolait les mécaniciens «avec ses pantalons blancs très serrés», Roger Vadim, Jayne Mansfield, Pat

Boone, Jean-Paul Belmondo, Peter Sellers, Alexandre Onassis, Gino Cervi, William Holden, Yves Montand, Lino Ventura, Alain Delon, Mario Del Monaco, et un passionné entre tous les passionnés, Herbert von Karajan. Enzo Ferrari se plaisait à rappeler cette phrase de Karajan : «Votre 12 cylindres émet une musique qu'aucun maestro ne saura jamais reproduire.»

Une étonnante liste de personnalités que n'importe quel grand ce monde aurait été fier d'accueillir! Même le pape, Jean-Paul II, se rendra en visite à Maranello le samedi 4 juin 1988.

La liste des *afficionados* de Ferrari est longue et diverse. A côté des princes et des rois, des artistes et des stars, comme Claude François, Johnny Halliday, Christophe, Michel Sardou ou encore Placido Domingo venu chanter *a capella* au lendemain d'une victoire.
Vitesse limitée à 8 miles par heure (un peu plus de 12 km/h) dans les studios à Hollywood : une limitation difficile à respecter par William Holden avec sa Ferrari qui flirte avec les 240 km/h. (en haut au centre).
Ci-contre, le pape Jean-Paul II en visite à Maranello.
La voiture est une Mondiale décapotable. Si Enzo Ferrari entretient des rapports ambigus avec l'église catholique romaine, le curé de Maranello, Don Bellei, n'omet pourtant pas de faire sonner les cloches de l'église le dimanche après-midi, à chaque fois qu'une Ferrari triomphe sur un circuit de grand prix.

Mais Enzo Ferrari, très malade et dont les jours sont comptés, ne pourra se déplacer pour le recevoir, ni le voir d'ailleurs. Dans son for intérieur, Il Vecchio n'a-t-il pas tiré une certaine satisfaction de cette irrévérence?

La grande mutation de la Scuderia

A partir de 1969, date du partenariat avec Fiat, Enzo Ferrari se consacre uniquement à la Scuderia, qui va subir de profonds changements. Tout d'abord grâce à un ingénieur, Mauro Forghieri. Arrivé en 1959, dans une période difficile, Forghieri, très cultivé, curieux de tout, doté d'une sorte de génie de l'imagination, se fait vite une

La piste de Fiorano, et, en son centre, la ferme réaménagée par Enzo Ferrari.

très grande réputation et prend des responsabilités en 1962 après le départ de l'ingénieur Carlo Chiti. Ce «touche-à-tout» va très rapidement remettre la Scuderia sur un pied d'égalité avec les grandes écuries de course. Bien sûr, comme beaucoup d'autres personnages dans l'entourage d'Enzo Ferrari, il subira des éclipses, des mises à pied, des colères, des rebuffades, mais le «Vieux» le rappellera à chaque fois qu'il y aura le feu dans la maison. Forghieri perpétue la tradition des moteurs 12 cylindres qu'il modernise jusqu'à leur apogée. Renvoyé une troisième et dernière fois en 1985, il laisse un bel héritage. Notamment cette fameuse boîte de vitesses à sélection semi-automatique, qui fleurit aujourd'hui sur toutes les F1 et les voitures de sport, attribuée de façon erronée à l'ingénieur John Barnard qui lui succédera.
Autre changement en 1972 : sur des terrains agricoles situés à la périphérie de Maranello, plus exactement sur le territoire de la commune de Fiorano, Enzo Ferrari fait remettre en état une vieille ferme – qu'il occupera pratiquement jusqu'à la fin de ses jours. Il y construit une piste d'essais de 3 kilomètres, présentant les difficultés majeures d'un circuit (ligne droite, freinage, épingle à cheveu, courbe), équipée d'un réseau de télévision, de télémesure et de chronométrage destiné à apprécier les performances des voitures. Fait unique pour une écurie de course à l'époque.

En même temps que l'ouverture de la *pista* de Fiorano, une autre décision est prise, rompant carrément avec le passé :

Mauro Forghieri mettra son imagination et ses grandes qualités de technicien au service de Ferrari pendant plus de vingt ans. Jusqu'en 1973, jusqu'à ce que la Scuderia Ferrari abandonne les Sports-Prototypes, il se bat sur le front de la F1 et sur le front du championnat du monde des Marques. Il sera l'une des très grandes chevilles ouvrières de la Scuderia. C'est Niki Lauda, le triple champion du monde de F1 (en 1975 et en 1977 sur Ferrari, en 1984 sur McLaren), qui en dresse le meilleur portrait : «C'est un fou, mais un fou génial.»

la Scuderia Ferrari abandonne les courses de Sport-Prototypes pour se consacrer uniquement à la Formule 1. Dans ce choix déterminant, un jeune homme, que l'on retrouvera ensuite, a une petite part : un certain Luca di Montezemolo, ami de la famille Agnelli, un passionné, qui devient *team-manager* de la Scuderia et emmène Niki Lauda à son premier titre de champion du monde en 1975.

S'adapter à la révolution médiatique et financière de la F 1

Enfin, en 1978, Enzo Ferrari engage à ses côtés un homme de confiance : Marco Piccinini. Ce grand personnage de la Scuderia n'est pas un spécialiste de la course. Mais il possède une grande culture générale, parle plusieurs langues et excelle dans l'art de la négociation. La Formule 1 est en train de devenir ce qu'elle est aujourd'hui, un sport florissant, hyper-médiatisé, mettant en jeu des capitaux importants

Lors du Grand Prix d'Allemagne du 3 août 1975, sur le Nürburgring, Niki Lauda (ci-dessus) terminera troisième. Il a déjà remporté quatre victoires au cours de la saison, à Monaco, en Belgique, en Suède et en France, et pris ainsi une solide option sur son premier titre de champion du monde. Ci-contre, Marco Piccinini homme de confiance et «bâton de vieillesse» d'Enzo Ferrari.

Le tandem gagnant du championnat du monde de 1975 : Niki Lauda (ci-dessous, à droite), qui s'impose comme pilote n°1 de Ferrari, et son tout jeune patron, Luca Cordero di Montezemolo (ci-dessous, à gauche) qui se révèle un *team manager* à la hauteur pour prendre à bras le corps la Scuderia Ferrari.

et réunissant dans tous ses aspects – aussi bien technique que financier, industriel et médiatique – des firmes multinationales. Dans ce nouveau contexte, la Scuderia Ferrari, si emblématique soit-elle, paraît bien isolée et bien faible, et Enzo Ferrari, malgré sa connaissance des hommes et de la course automobile, n'aurait sans doute pu faire face, seul, à une évolution aussi brutale. Ce sera le rôle de Piccinini. Fidèlement, âprement, durement quelquefois, il résistera aux courants divers et maintiendra le cap pour Enzo Ferrari jusqu'à la mort de ce dernier, avec un dévouement sans faille. Si la Scuderia est aujourd'hui encore le fleuron de la Formule 1, elle le doit en grande partie à Piccinini qui a su gérer ce passage vers l'an 2000.

Les dernières années

Les dernières années d'Enzo Ferrari sont celles d'une vie toujours aussi intense, entièrement dévolue à la course automobile, marquée aussi d'immenses chagrins comme la mort de Gilles Villeneuve au volant d'une Ferrari-turbo, en 1982, aux essais du Grand Prix de Belgique. Villeneuve est le dernier de ses pilotes qu'Enzo Ferrari aima profondément. Mais cette même période lui apporte également de grandes satisfactions : le titre de champion du monde du Sud-Africain Jody Scheckter, en 1979, ou celui de champion du monde des constructeurs de F1 attribué à la Scuderia Ferrari en 1983, grâce à deux pilotes français René Arnoux et Patrick Tambay, ou encore la construction, dans l'usine de Maranello, d'une extraordinaire voiture, la F40, produite en 1987 pour les quarante ans de la maison Ferrari.

Cette voiture de grand tourisme qui a reçu en réalité tous les ingrédients d'une vraie voiture de course, arrive sur un marché en proie à la folie de la spéculation. Certains spéculateurs revendent jusqu'à 7 millions de francs leur F40 valant, prix catalogue, 1,8 million de francs. Enzo Ferrari ne veut pas se préoccuper de cela, du moins tant que ses collaborateurs restent honnêtes et vendent les voitures au prix affiché.

Le vieil homme vit au rythme du calendrier des grands prix de F1, entre sa cuisinière et ses chauffeurs, Pepino d'abord, Dino ensuite, son attaché de presse Franco Gozzi et son homme de confiance Marco Piccinini, toujours là, à portée de voix. Enfin, il y avait ses pilotes qu'il

Piero Ferrari, l'autre fils d'Enzo, est devenu, au fil des ans, le gardien du temple.

tient toujours à rencontrer à chaque *collaudo*. Il donne sa dernière conférence de presse fin 1985, et conserve son acuité intellectuelle pratiquement jusqu'à ses derniers jours, au cours desquels il met ses affaires en ordre. Il revend la quasi-totalité de son actionnariat au groupe Fiat et fait don du reliquat à son fils naturel, Piero Lardi-Ferrari, né d'une union hors mariage le 22 mai 1945, lui assurant la vice-présidence à vie des Automobiles Ferrari.

Enzo Ferrari s'éteint le 14 août 1988, et, ultime exigence de sa part, son décès n'est annoncé qu'après son inhumation, dans l'intimité des siens, le 15 août à 7 heures du matin.

La célèbre F40 est un monstre que son moteur turbo-compressé peut propulser sur la route à 300 km/h. Ferrari-France en extrapolera une superbe version compétition, surnommée LM, qui courra aux Etats-Unis. A gauche, Gilles Villeneuve, père de Jacques Villeneuve qui débutera en F1 en 1996, avec succès.

Marlboro
LONGINES
Agip
MAGNETI MARELLI
WEBER
28
FERODO
GOODYEAR

René Arnoux (à gauche au volant d'une Ferrari-turbo 126C3, en présence de Forghieri) est, avec Patrick Tambay, l'un des protagonistes du dernier titre mondial de Ferrari, celui de champion du monde des constructeurs de F1 remporté avec cette même voiture.
Le Canadien Gilles Villeneuve, (ci-dessus en 1979) se tue le 8 mai 1982 lors des qualifications du Grand Prix de Belgique sur le circuit de Zolder. Sa mort porte un coup terrible à Enzo Ferrari et au monde de la F1.
Le 27 mai 1979, Scheckter gagne à Monaco (ci-contre), à domicile pourrait-on dire, puisque le pilote sud-africain habitait la Principauté.

Une succession difficile

Enzo Ferrari disparu, qu'allaient devenir les Automobiles Ferrari et la célèbre Scuderia? Succéder à une personnalité aussi forte, voilà pour le moins une tâche ardue, voire insurmontable. Et l'on peut craindre le pire : l'amalgame direct avec le groupe Fiat, ou, pourquoi pas, l'extinction pure et simple de la lignée. Plusieurs présidents vont se succéder aux commandes de Ferrari. Des passionnés de la marque comme Piero Fusaro, de bons managers également, car l'après-Enzo Ferrari sera florissant. Le poste de président de Ferrari est éminemment politique et en ce sens fragile. Il faut résister aux pressions du groupe Fiat, assurer l'avenir, maintenir le mythe et tenir le coup sous les feux perpétuels de l'actualité, entretenus par les résultats en dents de scie de la Scuderia Ferrari.

Depuis 1994, le pilote allemand Michael Schumacher est, à juste titre, considéré comme le meilleur pilote du monde. Ses qualités de metteur au point, sa rapidité et son coup de volant sont à la base de sa réputation et de son engagement en 1996 dans la Scuderia Ferrari. En 1997, il s'est maintenu jusqu'au bout dans la course pour le titre mondial de F1 (ici sur le podium le 24 août, à Spa).

Luca di Montezemolo engage Jean Todt en juillet 1993 à la tête de la Scuderia. Le manager français a auparavant fait ses preuves en constituant une très grande équipe de course, Peugeot-Talbot Sport, qui a régné pratiquement sans partage dans le championnat du monde des rallyes en 1985 et 1986, dans les rallyes-raids comme Paris-Dakar de 1987 à 1990, puis en Endurance, et notamment au Mans jusqu'en 1993. On voit, ici, les deux hommes ensemble lors du grand prix de F1 du Luxembourg en 1997.

Luca di Montezemolo, un président légitimé

En 1992, Gianni Agnelli, président et actionnaire majoritaire du groupe Fiat, prend la décision de nommer à la présidence des Automobiles Ferrari l'un de ses proches, Luca di Montezemolo. Celui-ci, ancien *team-manager* de la Scuderia Ferrari, dispose d'une légitimité que n'avaient pas ses prédécesseurs. Homme moderne et cultivé, très cosmopolite, il s'attèle à une vaste entreprise de reconstruction programmée dans trois directions.

D'abord, les résultats de la Scuderia dans les grands prix de F1. Depuis la fin de la saison 1990, Ferrari ne se tient plus aux avant-postes. Tranchant dans le vif, Montezemolo appelle, chose rarissime, un manager étranger à la tête de la Scuderia. C'est le Français Jean Todt, dont les qualités d'organisation sont universellement reconnues. Jean Todt opère, dans ce «château en ruines», une véritable révolution en demandant à ses motoristes d'abandonner le traditionnel moteur V12 pour un V10, beaucoup plus

apte à répondre aux exigences de la Formule 1 moderne. Ce faisant, il se fixe un programme de cinq ans pour amener Ferrari au titre mondial qui lui fait défaut depuis 1979. Il pourrait y parvenir dès cette année 1997.

La production ensuite. Luca di Montezemolo engage le travail de ses hommes vers des voitures résolument plus modernes, plus sûres, beaucoup plus fiables, conservant néanmoins leur parfum extraordinaire ainsi que leurs lignes magnifiques. Dans le domaine des voitures de série, la production est actuellement axée sur trois voitures. Tout d'abord le vaisseau amiral, c'est à dire la 456 GT à moteur 12 cylindres, une magnifique 2+2, dont le dessin de Pininfarina est un authentique chef d'œuvre. Une version 456 à boîte de vitesses automatique est plutôt destinée au florissant marché des Etats-Unis. La voiture haute performance de la gamme est la dernière-née, la 550 Maranello à moteur 12 cylindres. Enfin, la voiture «de base» est la 355 livrée en trois versions : cabriolet, spider et berlinette. Sur cette 355 à moteur V8, les apports de la compétition sont nombreux, notamment dans le domaine aérodynamique. Une 355 F1 entre en production en ce moment, F1 parce qu'elle reçoit une boîte de vitesses à sélection semi-automatique, avec commandes intégrées au volant, comme sur toutes les Formule 1 actuelles.

La 550 Maranello renoue avec la tradition des grands coupés sportifs à moteur avant et propulsion. Un bijou qui allie grand luxe et comportement routier extraordinaire et frise les 300 km/h dans un confort feutré.

Rétrospective ou exposition d'art? Des silhouettes rouges sur fond de la coupole de Brunelleschi : Florence accueille en 1990 *L'Idea Ferrari* (à droite, et en dernière page). Une exposition qui exprime la pensée et surtout le caractère d'Enzo Ferrari. Une «Idée», la sienne, qui a su interpréter l'objet automobile en l'élevant au rang d'œuvre culturelle. Ses Ferrari, aux catalogues des grandes ventes (en haut, à droite), sont d'ores et déjà objets de collection et de spéculation.

La pérennité du mythe Ferrari

Il faut aussi entretenir le mythe. Ce sera le troisième volet de la «méthode Montezemolo». En homme de média, le président de Ferrari procède avec beaucoup de doigté, quelquefois d'éclat, pour affirmer l'omniprésence du petit cheval cabré, non seulement dans le domaine de l'automobile, mais également celui de l'art et celui de la ferveur. Les clubs Ferrari sont florissants, l'école de pilotage réservée aux clients tourne à plein rendement, les manifestations autour du *cavallino rampante* se mondialisent. Ferrari est toujours une affaire de passion et de passionnés : Enzo Ferrari, ce petit mécanicien qui voulait être constructeur automobile, peut dormir en paix.

❝Quelle est la Ferrari que vous préférez? Celle que nous n'avons pas encore constuite.❞
Enzo Ferrari

TÉMOIGNAGES ET DOCUMENTS

«Je n'ai jamais été un grand constructeur.
Je n'ai jamais rêvé de le devenir.
Je reste un artisan provincial.»
Enzo Ferrari, novembre 1984

«Piloti che gente...»

Dans «Mes joies terribles», Enzo Ferrari consacre un chapitre – qui sera réédité en un volume à part – à ses impressions sur les pilotes : les favoris et les champions. Les relations ne sont pas toujours faciles, face à la personnalité du Commendatore comme en témoignent certains coureurs.

Enzo Ferrari et Alberto Ascari, à Monza, le 1er septembre 1950, avant le Grand Prix d'Italie.

Le pilote tel que l'admire Enzo Ferrari

Comme homme de sport, qui sait aussi ce qui signifie le fait d'être pilote de course pour avoir vécu cette expérience, je garde au fond de moi une pointe de sympathie, une sorte d'instinct de prédilection pour un type particulier de pilotes.

Dans la typologie infinie des champions du volant, celui qui me plaît est le pilote hardi, généreux, combattant, l'interprète audacieux des grandes épopées de la course, le chevalier romantique de l'aventure, celui que dans le jargon de notre sport j'ai défini comme un «garibaldien».

Ainsi, je pense à Gilles Villeneuve qui, à son tour, m'a rappelé le grand Tarzio Nuvolari, je pense à Guy Moll, je pense à Stirling Moss. Des hommes qui sur quelque type de voitures, circonstances ou parcours que ce soit ont personnifié l'expression maximale de l'indépendance d'esprit à bord d'une voiture de course et se sont à chaque fois totalement dévoués à leur péremptoire passion de vaincre.

Enzo Ferrari,
in *Ferrari raconta*, par Pino Allevi,
La Gazetta dello sport

Les garibaldiens

Tazio Nuvolari

Cinq ans plus tard, Tazio Nuvolari intégra la Scuderia Ferrari dont il devait très rapidement devenir le porte-drapeau. A cette époque, il était déjà cet homme vif et caustique qu'un petit nombre d'amis ont pu connaître par la suite dans l'intimité. Je me souviens de la Targa Florio de 1932 au cours de laquelle il remporta un succès mémorable qui lui permit d'établir une suprématie qui ne fut renversée que vingt ans plus tard, en 1952. Au départ de Modène, lorsque je le saluai, je lui dis que j'avais réservé un billet aller et retour. Il me répondit : «On dit que tu es un bon gestionnaire, mais je m'aperçois que ce n'est pas vrai. Tu aurais dû me faire réserver un aller simple car, lorsqu'on part pour une course, il faut prévoir l'éventualité d'un retour dans une boîte en sapin.»

Guy Moll

Dans l'édition de 1934 du Grand Prix de Monte-Carlo, Varzi fut battu par un débutant qui s'appelait Guy Moll et avait l'étoffe d'un as du volant comme il y en a eu peu.

Malheureusement, il passa comme un météore, mais inoubliable. Au mois d'août de la même année, il trouva la mort sur le Circuit de Pescara. […] S'il n'était pas le premier étranger à avoir fait partie de mon écurie, il était sans nul doute le premier pilote d'exception. Il était de mère espagnole et de père français émigré en Algérie, où il était né.

Je ne sais si c'est ce mélange de nationalités et de milieux qui a fait de ce garçon un prodige, mais je suis en tout cas persuadé qu'il mérite d'être rapproché de Nuvolari et de Moss : comme Nuvolari, il avait cet esprit étrange et singulier, la même agressivité, la même désinvolture dans la façon de piloter, la même détermination pour affronter le danger.

Stirling Moss

Et puis, il y a eu un pilote qui mérite d'être mentionné à part : Stirling Moss. Mon opinion sur Moss est simple : c'est un homme que j'ai constamment rapproché de Nuvolari. Il avait le virus de la course, marchait très fort sur n'importe quelle voiture, avait la grande qualité de juger une voiture seulement par le chronomètre, c'est-à-dire sur le temps qu'elle lui permettait de réaliser sur un parcours donné. J'ai également dit de lui un jour que c'était un pilote qui avait le sens de l'accident; en effet, j'ai trouvé une similitude vraiment étonnante entre certaines sorties de route de Moss et certaines sorties de route de Nuvolari qui sont entrées dans les annales et ne se sont pas soldées par une tragédie. Si Moss avait fait passer le raisonnement avant la passion, il aurait été couronné champion du monde car il en était plus que digne.

Gilles Villeneuve

Son origine était insolite. Il était une idole de la motoluge et avait remporté le championnat Atlantic. Je pris la décision de l'engager, convaincu qu'avec une préparation adéquate il était possible, en présence de prédispositions et d'un talent naturel, de «fabriquer» un pilote.

Avec son tempérament, Villeneuve fit d'emblée la conquête des foules et devint très vite… Gilles! Certes, d'aucuns l'ont baptisé «l'aviateur», ou ont dit de lui qu'il était fou, mais avec sa générosité, sa hardiesse, la capacité destructrice qu'il manifestait dans sa façon de piloter, broyant les essieux, les boîtes de vitesses, les embrayages et les freins, il nous a appris ce qu'il fallait faire pour qu'un pilote puisse se défendre dans un moment imprévisible, poussé par la nécessité. Il a été le champion de la combativité et a fait beaucoup pour le renom de Ferrari. Je l'aimais beaucoup.

Les champions du monde Ferrari

Alberto Ascari

Le dimanche précédant, à Monte-Carlo, Alberto avait plongé dans le port avec sa Lancia et s'en était tiré avec une fracture de la cloison nasale. Il ne tint pas compte de l'avis des médecins et il repartit lundi. Le jeudi, il se présenta à Monza où Castellotti essayait la trois litres Sport. Alberto expliqua qu'il avait besoin de reprendre le volant le plus vite possible après un accident, afin d'éviter d'y penser et de se créer une inhibition. Au cours de la pause de midi, il demanda la voiture pour faire quelques tours. Il partit sans son casque, la cravate au vent. Il se tua au deuxième tour, dans le grand virage qui, à l'époque, était presque une ligne droite. On dit qu'une fracture de la cloison nasale provoque parfois une embolie, à tel point que les médecins conseillent l'immobilité pendant une semaine. Mais il existe également une autre version que peu de gens connaissent : peu de temps après l'accident, quelqu'un laissa entendre qu'un mécanicien avait traversé la piste, convaincu qu'à cette heure de repos et de suspension des épreuves, il n'y avait aucun danger. Ascari serait arrivé sur lui et aurait «planté» la voiture pour l'éviter. [...]

Même dans le cas d'Ascari, l'enquête technique m'a rasséréné : au moment critique, la voiture était en parfait état. En fait, je suis parfaitement conscient de la responsabilité que j'assume lorsque je confie l'une de mes voitures à un pilote.

Mike Hawthorn

Mike Hawthorn était un pilote déconcertant, aussi bien par ses possibilités que par son irrégularité. Un jeune capable d'affronter et de venir à bout de n'importe quelle situation avec un courage froid et calculé, des réflexes d'une rapidité exceptionnelle, mais qui avait également tendance à être victime d'effondrements terribles. En fin de compte, c'était un pilote qui, dans ses jours de chance, ne craignait aucun rival et sut le démontrer en maintes occasions. Il suffit de se rappeler le Grand Prix de France de 1953 où il précéda Fangio, Gonzalez, Ascari, Farina et Villoresi, et celui d'Espagne de 1954 où il l'emporta sur Fangio, Musso, Mieres et Kling. Et que dire de sa fantastique victoire au Tourist Trophy de 1955 où, au volant de l'unique Ferrari en course, il partit en tête et arriva devant les voitures d'usine de Lancia et Jaguar?

Manuel Fangio

En parlant des grands as du volant, l'un des noms qui me reviennent le plus souvent à l'esprit est celui de Manuel Fangio. Les jugements et les avis les plus discordants ont été exprimés sur ce grand champion, non seulement à propos du pilote, mais à propos de l'homme aussi. Je le vis pour la première fois au printemps de 1949, sur l'autodrome de Modène. Il y avait d'autres pilotes, d'autres voitures. Je l'observai pendant quelques tours, puis je finis par garder les yeux sur lui. Il avait un style insolite : il était peut-être le seul à sortir des virages sans raser les balles de paille à l'extérieur. Je me disais : cet Argentin est vraiment fort : il sort comme un bolide et reste au beau milieu de la piste.

Sa stature de champion était indiscutable. Il avait une vision de la course absolument supérieure et un équilibre, une intelligence de la compétition, une sûreté dans la conduite de la course qui étaient vraiment singuliers. [...]

Mais Manuel Fangio oublia tout cela et, le jour où il se retira de la compétition après avoir été cinq fois champion du monde, il écrivit ses mémoires dans lesquelles un autre Fangio se fit jour.

Phil Hill

Phil Hill, qui fut camarade d'équipe de von Trips, était un pilote solide, émotif,

Peter Collins et Phill Hill (à gauche), à Modène, le 22 septembre 1957.

qui venait des voitures Sport et avait acquis une bonne expérience de mécanicien en Californie. Ce n'était pas un pilote de classe exceptionnelle, mais il était sûr et performant, surtout sur les circuits très rapides. Il aimait les grands virages, les longues lignes droites, et nettement moins les parcours sinueux, les circuits difficiles qui exigent en permanence une grande précision de conduite. Phil Hill manifestait cette précision sur les parcours où la vitesse est le facteur décisif. C'était un bon pilote sur les voitures de la catégorie Sport, car dans les courses d'endurance, il savait harmoniser ses qualités innées de vitesse avec la régularité et le respect de la mécanique – une combinaison gagnante. Et des courses il en a gagné beaucoup. Sa carrière s'est déroulée sur dix années d'activité avec nos voitures qui lui ont permis de remporter le titre mondial en 1961.

John Surtees

On connaît mes sympathies pour les anciens coureurs motocyclistes qui ont de l'expérience, des connaissances mécaniques, la pratique de la vitesse, le sens de la compétition et, ce qui n'est pas négligeable, l'habitude des tâches humbles. John Surtees était un de ces «ex» et réunissait toutes les grandes qualités que je viens d'énumérer. Ce qui me plaisait en lui, c'était la technique, la passion et l'esprit qu'il investissait à parts égales dans la compétition, sans se ménager. J'aimais son sérieux : il étudiait la course et se préparait très soigneusement; attentif au moindre détail, méticuleux, il observait ses adversaires, les voitures, les caractéristiques du circuit, toujours à la recherche du détail à exploiter, du problème à résoudre à son avantage. Il se comportait de la même façon vis-à-vis de sa voiture : il n'était jamais content car il savait qu'en mécanique on peut toujours dénicher «quelque chose d'autre» au mépris de la logique et du calcul le plus précis. En course, «Big John» vivait la compétition minute par minute. Après avoir été un grand champion sur deux roues – sept titres mondiaux –, il remporta le championnat du monde en 1964, au volant de la Ferrari 158.

Niki Lauda

Nous vîmes tout à coup arriver un jeune homme sérieux, pointilleux dans sa préparation mais aussi dans la mise au point de la voiture qui lui était instinctive, naturelle. En course, il exprima d'emblée des qualités de sécurité et de détermination. Je le comparerais à un Collins, tant pour le style que pour le comportement. Il ne tarda guère à devenir un grand pilote, intelligent, c'est absolument incontestable. Il est allé très loin avec Ferrari, et il aurait pu aller plus loin encore.

Quant à son caractère, je n'exprime pas de jugements sur les hommes, je peux tout au plus avancer des opinions car je suis convaincu que dans la vie on ne peut pas juger un être humain si l'on ne s'est pas trouvé placé dans des conditions identiques à celles dans lesquelles il a agi. [...] Lorsque Scheckter remporta son titre mondial, Lauda m'envoya un message de félicitations auquel je répondis ceci : «Cher Niki, merci de ton télex qui m'a suggéré une pensée amère : si Lauda avait décidé de rester chez Ferrari, il aurait déjà pu égaler le record de Fangio.»

Jody Scheckter

Sud-Africain d'origine lithuanienne, Jody Scheckter était un pilote décidé que j'avais observé avec intérêt et sympathie pendant deux ans, convaincu qu'avec l'assistance technique d'une équipe professionnelle son exubérance l'aurait porté aux plus hauts sommets. Ses engagements avec la jeune écurie Wolf ne lui permirent pas d'entrer tout de suite chez Ferrari et ce n'est qu'en 1979 qu'il put courir avec nous, trouvant le succès auquel je pensais qu'il était prédestiné. Il se révéla non seulement un battant audacieux, mais aussi un calculateur rationnel pour obtenir des résultats intermédiaires. C'étaient là des qualités que personne ne lui aurait probablement attribuées auparavant.

Enzo Ferrari,
Piloti che gente,
Conti Editore-Fondation Cartier
pour l'Art contemporain, 1987

Un dieu dont on craignait les colères : des pilotes parlent du Commendatore

Maurice Trintignant

Je bénissais le Ciel qui avait ôté au «commendatore» Ferrari le goût de venir voir courir ses voitures. C'était un homme que j'admirais beaucoup, c'était un grand seigneur de l'automobile, mais comme toutes les êtres d'élite, il était doté d'un terrible caractère. Ses colères étaient proverbiales et je plaignais sincèrement tous ceux qui travaillaient sous ses ordres à Modène dans ses bureaux ou à l'usine de Maranello dans la banlieue de Modène. Mes entrevues avec Enzo Ferrari se passaient toujours

Monza, Grand Prix d'Italie, 5 septembre 1963 : Enzo Ferrari observe le pilote John Surtees.

sans éclats parce que – tous ceux qui me connaissent vous le diront – je suis tellement calme et décontracté, inerte devant l'orage dirais-je, que ma sérénité finit quand même par être contagieuse.

Maurice Trintignant,
Pilote de course, 1957

John Surtees

Les gens écrivent sur Ferrari, les voitures et l'homme, mais bien trop peu ont la possibilité ou le temps de vraiment connaître leur sujet. J'ai eu quelques-uns des meilleurs moments de ma vie chez Ferrari mais aussi quelques-uns des plus difficiles.

Ferrari, l'homme et son usine ne peuvent exister qu'en Italie; intrigue, ruse, manœuvre, enthousiasme, méfiance, et l'ardente volonté de cet homme de marquer son nom sur les pages de l'histoire, tout a joué pour la création puis la construction de la Ferrari.

John Surtees, Préface pour *Ferrari*,
Léonard Setright, 1971

Clay Regazzoni

Je suis un cas particulier, étant le pilote qui est resté le plus longtemps à Maranello : sept ans. A ce jour, c'est un record. J'avais immédiatement sympathisé avec le Commendatore. Comme beaucoup d'autres, il est vrai, car, avec les pilotes, il lui arrive la même chose qu'avec les femmes : il a le coup de foudre pour certains. [...]

Quand on court pour Ferrari, il ne faut jamais oublier qu'à Maranello, reclus dans son bureau, devant le grand portrait d'un garçon qui sourit au-dessus de trois lampes en forme de roses, et toujours allumées, c'est un autre homme. Un homme qui vit à égale mesure pour les petites et les grandes choses. Dans une période trop fertile en problèmes techniques, il faut soigner son orgueil, et essayer de placer la machine le plus en avant possible sur la grille de départ. Pour ma part, je l'avais tout de suite compris.

Clay Regazzoni,
Le Combat, 1982

Niki Lauda

Quatre années de tension nerveuse cela suffit, quatre années de douche écossaise psychologique, c'est un maximum.
Il n'est pas question d'en tenir rigueur au «Vieux». Un vieillard, un monument, une personnalité tels que lui, en un mot le Commendatore Enzo Ferrari, a tous les droits : il faut savoir l'accepter ou bien quitter l'écurie Ferrari dans les plus brefs délais. S'il n'y avait eu que cela et malgré toutes les singularités du «Vieux», je serais effectivement resté à son service jusqu'à la fin de ses jours, comme je le lui avais promis d'ailleurs, à une époque où par tous les moyens je tentais de ramener le calme dans une équipe malmenée par le chaos.

Mais à l'autoritarisme du «Vieux» s'ajoutaient encore les jeux de coulisses et d'influences, ces réactions imprévisibles propres à l'écurie Ferrari.

Niki Lauda,
A la limite, 1977

Voyons maintenant le côté positif de la chose : Enzo Ferrari m'avait ouvert les portes de ma première équipe d'élite. Il y eut mes 15 victoires, mes 12 fois deuxième et mes 5 fois troisième place. Il y eut mes 23 pole positions. Mes 5 301 km de conduite en Formule 1. Mes 248 points de championnat du monde et 2 titres. Et enfin mon grand amour de l'Italie et de presque tout ce qui est italien...

Après quelque temps, la vénération que je portais à ce géant et à son œuvre historique avait éliminé en moi tout autre sentiment.

Niki Lauda, *300 à l'heure*, 1985

Pininfarina, carrossier vedette de Ferrari

Le fils de Giovan Battista Pininfarina, auquel très tôt son père confia les relations avec Ferrari, rappelle l'idée qui, dès les débuts, sous-tend la collaboration entre le carrossier et le constructeur : créer une identité propre aux voitures sorties de Maranello. Un pari réussi puisque la signature Ferrari/Pininfarina est reconnue et admirée entre toutes.

Marier technique et esthétisme

Ferrari se rendait compte que ses voitures avaient besoin d'une image précise. [...] Il avait pensé que Pininfarina pouvait l'aider à réaliser son idée, même si cela impliquait des discussions avec un caractère pas toujours facile.

D'un côté de la table il y avait mon père, qui avait déjà en ces années une vocation fortement industrielle. Il fallait déjà posséder une structure productive d'un certain niveau, mais cela exigeait également une réflexion particulière sur le projet, sur la méthode et la rigueur technique, qui sont le fondement des entreprises qui émergent avec de grandes ambitions. A cette époque l'automobile avait un grand développement spontané et désordonné, et mon père cherchait à associer à son intuition créative un produit d'excellente qualité; il concevait des investissements sans réserves et des programmes ambitieux avec une confiance aveugle dans le futur, qui devait lui rembourser ses grands sacrifices et les risques des débuts. Ferrari était la plus belle occasion qui s'offrait à lui : une marque encore jeune mais déjà parée de prestige et de gloires sportives, qui lui donnait la possibilité de créer quelque chose de vraiment nouveau. Aucune commande, même avec les marques les plus prestigieuses, ne pouvait lui laisser

Gabarit pour le prototype P6, 1968.

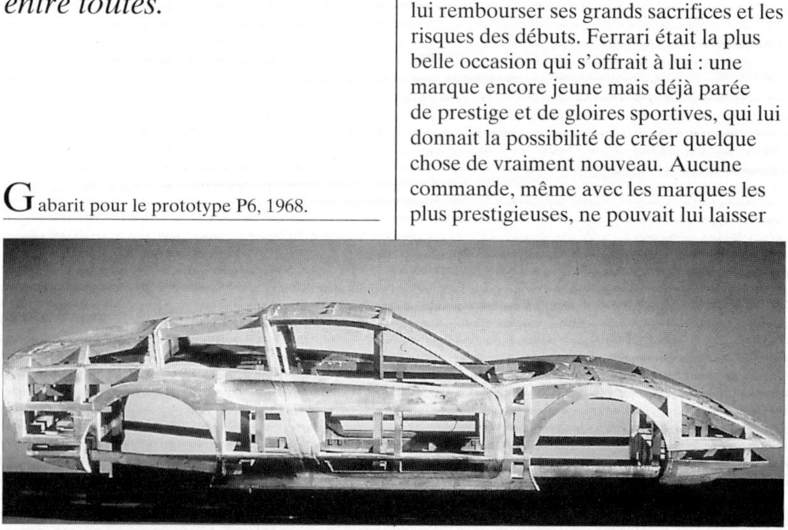

autant de liberté et de stimulation, car il lui aurait fallu s'adapter à un patrimoine formel déjà acquis, sédimenté au cours des années, qui lui aurait imposé ses critères. Ferrari au contraire était une reine au visage encore flou, l'intuition de mon père fut d'imaginer et de lui donner une physionomie bien définie. «Ses» Ferrari devaient devenir le symbole de la voiture sportive par excellence, c'était l'idéal qu'il poursuivait. […]

La collaboration avec Ferrari n'a pas seulement apporté du prestige à Pininfarina, elle nous a permis aussi de recueillir un grand patrimoine culturel et technique : en projetant une Ferrari, on affronte des problèmes très absorbants du point de vue créatif, et ardus dans le sens technique. Cela nous a demandé des investissements dans la recherche et l'expérimentation, qui nous ont conduits à mettre au point des technologies nouvelles et sophistiquées. Sur cette route difficile je pense que nous avons eu de bons résultats.

[…] La recherche technique continue alimentait parallèlement le développement des formes qui s'adaptaient progressivement à des performances toujours plus élevées, avec les grandes problématiques de l'aérodynamique et de la tenue de route, tout en gardant la continuité stylistique qui était notre objectif. Chaque dessin naît d'une idée, d'une intuition, mais l'imagination ne suffit pas, il faut lui associer des vérifications et des corrections patientes, à travers lesquelles la forme se définit plus précisément, revêtant des contenus techniques et mécaniques chaque fois différents. […]

L'exemple de la Dino

En jetant un regard en arrière, je dirais que nous avons bien travaillé. Mais il ne fallait surtout pas que la continuité se transforme en immobilisme, ni pour Ferrari, ni pour nous. Après une longue série de modèles extraordinaires à moteur avant et traction arrière, on décida donc de passer à des voitures à moteur central. […] Nous avons développé ce thème sur une voiture prototype, la *Dino berlinetta speciale*, qui fut exposée au salon de Paris en octobre 1965. Elle eut un grand succès méritée, et ce qui est encore plus important, joua le rôle plus beau et plus symbolique de voiture-idée, car elle influença profondément et pour longtemps le dessin des automobiles sportives qui lui firent suite. […] La position du moteur au centre de la voiture nous permit de réaliser des solutions techniques et formelles entièrement neuves, jouissant d'une liberté plus grande que celle dont nous avions profité pour les voitures sportives précédentes. Le coffre avant pouvait enfin être abaissé pour améliorer la visibilité du conducteur, et la hauteur globale de la voiture réduite de façon radicale, vu qu'il n'y avait plus de tuyaux d'échappement sous l'habitacle des passagers. Le rapport hauteur sur largeur en fut révolutionné.

Selon moi, c'est la Dino qui la première a réalisé les meilleures qualités des Ferrari : la personnalité esthétique, la technique, l'élégance, l'agressivité, la rapidité, la puissance sont tous les éléments qui ont fait de la Ferrari un mythe transcendant l'automobile sportive, un mythe capable d'abattre les frontières nationales, un mythe qui dans l'esprit de compétition s'est attiré la passion de millions de personnes, un mythe capable même de renverser les barrières sociales.

Sergio Pininfarina,
«Témoin et acteur»,
in *Ferrari, histoire et légende*, Celiv, 1990

Maranello

Maranello, à quelques kilomètres de Modène, est depuis plus de cinquante ans le fief et le symbole de Ferrari. Longtemps «antre» d'Enzo Ferrrari, qui aimait peu le quitter, Maranello comprend, outre la production et la gestion sportive, une galerie d'expositions et un circuit où se font les essais et les collaudos. Depuis 1988, l'école de pilotage Ferrari est installée à Mugello, près de Florence.

Le site de Ferrari à Maranello. Au premier plan, la piste de Fiorano.

Les installations et la production

Enzo Ferrari quitte Modène pour Maranello en 1943. Aujourd'hui, les installations de Ferrari y couvrent une superficie de 252 000 m^2 dont 94 000 m^2 de bâtiments (seule la carrosserie est à Modène). 1 800 personnes y travaillent dont 400 dans des activités concernant la Formule 1. Depuis 1982, un complexe destiné exclusivement à la conception et à la production de F 1 a été implanté près de la piste de Foriano. Celle-ci, construite en 1972 sur 3 kilomètres, modifiée en 1996 (légèrement raccourcie), est équipée d'un circuit fermé de télévisions et de 44 postes de cellules photoélectriques. On l'utilise pour les essais et les tests en F 1 et voitures de Grand Tourisme. Dans le centre de Maranello, la Galleria Ferrari, inaugurée en 1990, offre aux visiteurs (plus de 80 000 en 1996) un panorama de l'histoire, de la technique de la marque et de la course automobile. Quelques modèles très prestigieux y sont exposés.

PRODUCTION DE TOUTES LES FERRARI DEPUIS 1947, SANS EXCEPTION, SOIT UN TOTAL DE 77 670

1947 :	3	1964 :	654	1981 :	2565
1948 :	5	1965 :	740	1982 :	2209
1949 :	21	1966 :	665	1983 :	2366
1950 :	26	1967 :	706	1984 :	2842
1951 :	33	1968 :	729	1985 :	3288
1952 :	44	1969 :	619	1986 :	3640
1953 :	57	1970 :	928	1987 :	3902
1954 :	58	1971 :	1246	1988 :	4001
1955 :	61	1972 :	1844	1989 :	3821
1956 :	81	1973 :	1772	1990 :	4293
1957 :	113	1974 :	1436	1991 :	4487
1958 :	183	1975 :	1337	1992 :	3470
1959 :	248	1976 :	1426	1993 :	2325
1960 :	306	1977 :	1798	1994 :	2639
1961 :	441	1978 :	1939	1995 :	3158
1962 :	493	1979 :	2221	1996 :	3363
1963 :	598	1980 :	2470		

En 1947, l'usine Ferrari produisait trois modèles. Aujourd'hui, il sort chaque année 3 300 voitures, dans sept modèles et versions : F355, F355 GTS, F355 Spider, 456 GT, 456 GTA, F50 et, depuis 1996, la 550 Maranello. Cela dans la couleur rouge Ferrari (couleur assignée, au début du siècle, aux voitures italiennes participant aux Grands Prix automobiles), mais aussi dans une gamme de dix-huit couleurs. 90 % de la production est exportée, principalement vers les Etats-Unis, l'Allemagne, la Suisse, la Grande-Bretagne et la zone Pacifique.

Le «collaudo»

Le collaudo *est un galop d'essais, de rodage et de vérification de la voiture de course avant son chargement dans le camion qui la transportera sur le site du Grand Prix. René Arnoux adorait rencontrer le «Vieux» après chaque* collaudo, *selon un «cérémonial» qu'Enzo Ferrari pratiquait avec ses pilotes.*

«Il me recevait dans son grand bureau de Fiorano. Il me posait des questions, voulait toujours savoir où j'en étais de ma vie privée et dans quel état d'esprit je me trouvais avant la course. Nous échangions quelques plaisanteries, nous parlions de la vie, des femmes, des voitures, de tel ou tel autre pilote». Arnoux, qui était un pilote de Grand Prix confirmé et valeureux se retrouvait intimidé comme un jeune élève devant son premier instituteur. «Après quoi, poursuit Arnoux, il plongeait la main dans l'un des tiroirs de son bureau, en retirait un dossier et l'ouvrait. «Caro Renato, nous t'avons donné pour la course le moteur n° XYZ, il fait tant de chevaux, c'est-à-dire cinq de plus que le moteur ABC du dernier Grand Prix.» Il refermait le dossier, la cérémonie était terminée. Le *collaudo* existe aussi pour les voitures de production : Enzo Ferrari l'instaure dès lors qu'il commence à vendre des voitures. Aujourd'hui encore, une voiture de production n'est jamais livrée tant qu'un *collaudatore* maison ne l'a pas essayée. Dans un passé encore récent, ce *collaudo* avait lieu sur la route de l'Abetone au nord de Maranello; il se déroule aujourd'hui sur le circuit du Mugello. L'essayeur rode la machine et y décèle les éventuels défauts. La voiture est ensuite révisée, réglée, la peinture est remise à neuf s'il y a un défaut ou un éclat de pierre. C'est seulement après cette cérémonie qu'elle est remise à son propriétaire.

Jean-Louis Moncet

L'école de conduite de Ferrari

Outre la piste d'essais de Fiorano, Ferrari et la Scuderia ont acquis en 1988 le circuit du Mugello dans les environs de Florence. Ce circuit magnifique, d'une longueur de 5 245 mètres, très difficile et très sélectif, luxueusement réaménagé, est utilisé pour des manifestations comme les Journées annuelles Ferrari, des Grands Prix motocyclistes et des courses de Grand Tourisme. La Scuderia l'emploie parfois comme terrain d'essais. Mais, presque quotidiennement, c'est l'école de conduite Ferrari qui l'occupe; elle y possède d'ailleurs ses installations.

Cette école est dirigée par un ancien pilote italien de F 1, Andrea de Adamich. Son principe est simple : les Ferrari de production sont des pur-sang et il convient, même pour un bon conducteur, d'apprendre à les manier en conditions extrêmes. Y est enseignée la technique des virages rapides et serrés, des freinages d'urgence, des changements de caps précis, des accélérations brutales.

Jean-Louis Moncet

Une histoire de moteurs

On prétend fort justement que le cœur d'une Ferrari reste son moteur. Avec l'indissociable magie du douze cylindres qui a fait toute la réputation de la célèbre officine de Maranello. Aujourd'hui, si deux Ferrari sur trois sont équipées de moteur huit cylindres, le V12 anime les moteurs de la 550 Maranello et de la F50, des V12 dérivés de la Formule 1 et fiabilisés.

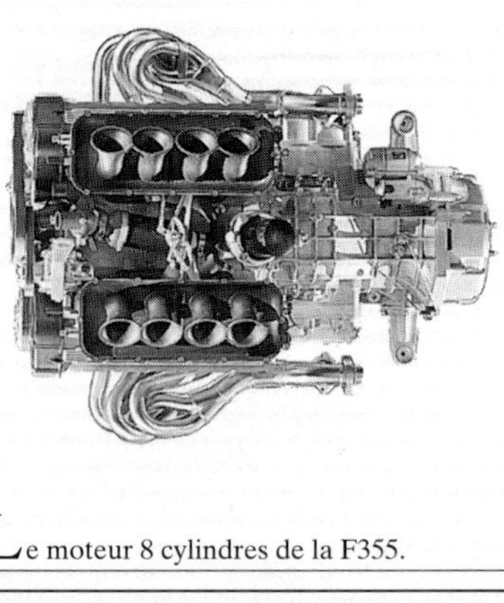

Le moteur 8 cylindres de la F355.

Le V8 de la brillante F355, héritier du V8 Dino de 1973

Les plus intégristes prétendent qu'il n'y a pas de Ferrari sans moteur V 12. Pourtant aujourd'hui, si Ferrari ne compte pas moins de trois V12 distincts dans sa production, presque deux Ferrari sur trois sont animées par un moteur huit cylindres. Et il serait totalement faux de croire qu'il s'agit d'un ersatz de mécanique Ferrari. Ce moteur possède au contraire toute la noblesse, toute la sophistication née de la compétition, que l'on attend d'une mécanique originaire de Maranello. Le V8 Ferrari est arrivé fin 1973, remplaçant le fameux V6 Dino de 2,4 litres à bout de développement. Mais comme pour ce dernier, on lui refusa le véritable label Ferrari pour le baptiser Dino. Ce V8 proposait une cylindrée de 3 litres pour une puissance, brillante, de 255 chevaux à 7 700 tours/mn. [...] (Il passera à 3,2l en 1985, et à 3,4l en 1989.) Né avec la Dino 308 GT4, il devint véritablement Ferrari avec la 308 GTB et la Mondial 2+2. C'est avec cette dernière qu'il délaissa sa disposition tranversale et la boîte logée dans le carter, pour une implantation longitudinale et une boîte de vitesses transversale, mais en bout de moteur.

Aujourd'hui encore, la très brillante F355 reprend cette implantation. Son V8, en revanche, s'il conserve l'architecture du moteur de 1973, est totalement nouveau et fort brillant. Ses particularités viennent de sa distribution à cinq soupapes et d'une gestion fort complexe des gaz d'admission et d'échappement. [...] Ajoutons à cela un embiellage très sensiblement allégé au moyen de bielles en titane (25 % en moins) et il n'en faut pas plus pour que ce V8 fasse preuve d'un tempérament incroyable avec une puissance s'élevant à 380 chevaux… à 8 250 tours/mn! […]

Le V12 de la 550 Maranello, issu du V12 de la belle 456 GT

Ce nouveau venu, monté sous le capot de la 550 Maranello est un moteur ouvert à 65 °, pour se montrer un peu moins haut et prendre plus facilement place sous un capot avant. Un moteur moderne, très compact avec des culasses étroites comportant chacune trois arbres à cames en tête mais quatre soupapes par cylindre. Ce nouveau V12 conserve la cylindrée du moteur de la 456 GT 5,5 l. Mais il est défini de façon plus turbulente afin de parvenir à des régimes plus élevés. Ses 485 chevaux sont atteints à 7 000 tours/mn contre 442 chevaux à 6 250 tours/mn pour la 456 GT et si le couple gagne 2 mkg, c'est aussi à un régime supérieur. [...]

Sur la F50, un V12 dérivé de la compétition

En matière de rendement spécifique, la palme revient évidemment au moteur de la F50. C'est une mécanique de tourisme extrêmement proche d'un moteur de course. D'ailleurs il en est dérivé, avec son bloc moteur en fonte et non plus en alliage léger. Un bloc minuscule emprunté à l'ancien V12 de Formule 1, mais surtout à la 333 SP qui court en IMSA et propose une cylindrée voisine : 4 litres pour 4,7 litres à la F50. Même s'il en conserve l'angle original de 65 °, ce V12 n'a rien de commun avec ceux de la 456 GT et de la nouvelle 550 Maranello. [...] Conçu comme un moteur de compétition, le V12 de la F50 évolue à des régimes totalement affolants : puissance de 520 chevaux à 8 500 tours/mn, couplé à 6 500 tours/mn et régime maxi à 8 600 tours/mn. Il n'y a pas plus noble que la puissance obtenue par le régime. C'est la preuve d'une grande sophistication.

Alain Bernardet,
«Il Cuore», in *Sport-Auto*, août 1996

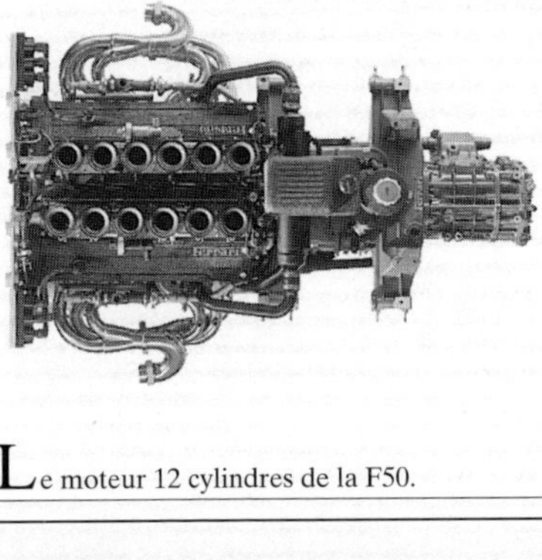

Le moteur 12 cylindres de la F50.

Tordre le coup à une vieille croyance

A propos de moteurs, il faut rappeler un certain nombre de faits : de tous les titres de Ferrari en Grands Prix, il faut noter que la Scuderia ou ses pilotes ont gagné :
- en 52, avec un 4 cylindres en ligne
- en 53, avec un 4 cylindres en ligne
- en 56, avec un 8 cylindres en V à 90 °
- en 58, avec un 6 cylindres en V à 65 °
- en 61, avec un 6 cylindres en V à 65 °
- en 64, avec un 8 cylindres en V à 90 °
- en 75, avec un 12 cylindres boxer à 180 °
- en 76, avec un 12 cylindres boxer à 180 °
- en 77, avec un 12 cylindres boxer à 180 °
- en 79, avec un 12 cylindres boxer à 180 °
- en 82, avec un 6 cylindres en V à 120 ° double turbos
- en 83, avec un 6 cylindres en V à 120 ° double turbos,

... et par conséquent, jamais avec un 12 cylindres en V. Ce type de moteurs a bâti sa réputation sur les Ferrari Sport, Sport-Prototype et GT. Il a d'ailleurs fallu toute la persuasion de Jean Todt pour que Ferrari abandonne le V12 à la fin de la saison 1995 pour le V10, plus apte aux exigences des machines de Grands Prix actuelles.

Jean-Louis Moncet

Enzo Ferrari et la presse

Amateur de la chose imprimée (il a dit plusieurs fois avoir pensé embrasser la carrière de journaliste comme alternative à l'automobile), Enzo Ferrari s'occupe personnellement des imprimés de la maison, depuis les catalogues des modèles jusqu'à la revue annuelle. De même, il orchestre ses relations avec la presse, selon une partition immuable, dont il garde la parfaite maîtrise. Ici, le déroulé type de la conférence de presse annuelle qu'il donnait dans ses bureaux de Maranello?

Le roi et sa cour

Une fois l'an, à la fin de la saison sportive, l'«ingeniere» recevait les journalistes. Attention : pas n'importe quels journalistes! La liste des invités aux conférences de presse était limitative, les journalistes étaient triés sur le volet, y compris les journalistes italiens, car il y avait des interdits de séjour à Maranello. Jusqu'à sa dernière conférence, Enzo Ferrari procéda de la même façon : il ouvrait la conférence en donnant les chiffres et les résultats de l'année. Il attendait ensuite les questions, ou plutôt les suscitait, car il avait une mémoire féroce. Il écoutait la question, répondait

Enzo Ferrari face aux journalistes.

du tac au tac en tutoyant le plus souvent le journaliste qu'il connaissait bien : «Voyons, tu me demandes cela, mais dans le n° de ton journal, à telle date, tu as pourtant écrit ceci.» Un peu plus tard, et comme s'il trouvait que les échanges manquaient de tonus, Enzo Ferrari interpellait d'autres journalistes : «Où est notre ami de… (suivait le nom d'un titre) qui nous donne si souvent des conseils dans ses colonnes?» Et l'interpellé se levait timidement, les joues en feu, car il savait bien qu'il allait recevoir une volée de bois vert. De temps à autres, un jeune journaliste osait une question un peu impertinente; le revers était immanquable : «Notre ami ici présent ne doit pas oublier que s'il a commencé dans le journalisme, c'est grâce à Ferrari qui l'a aidé dans telle ou telle circonstance!»

Quelquefois, le ton montait : souvent lorsqu'on reprochait à Enzo Ferrari d'avoir choisi tel pilote étranger, ou tel ingénieur étranger, plutôt qu'italien. Le «vieux» hurlait et tapait du poing sur la table. Puis soudain, la séance des questions étaient finie, les journalistes italiens passaient un à un devant le «vieux» qui leur serrait la main, leur adressait une dernière remarque, humoristique cette fois, leur demandait des nouvelles de tel ou tel membre de la famille qui la dernière fois était malade… Bref, c'était Louis XIV, avec sa cour.

Questions pièges

En tant que tel, Enzo Ferrari faisait aussi la grâce à quelques jeunes journalistes, nouveaux dans le métier du sport automobile, de les inviter aux conférences de presse de Maranello.

Evidemment, ces jeunes gens toujours avides de poser les questions qui n'avaient pas été posées tombaient

Deux fois à la Une : *Sport-Auto* de septembre 1988, consacré aux essais de la F40, devient numéro spécial à l'annonce de la mort d'E. Ferrari.

régulièrement dans le panneau sous l'œil amusé des vieux routiers du reportages qui s'étaient fait eux-mêmes piégés, des années ou dizaines d'années auparavant. Les questions étaient invariables, et les réponses ne l'étaient pas moins.

«Monsieur Ferrari, de toutes les voitures que vous avez construites, laquelle préférez-vous?

– Celle que nous n'avons pas encore construite.

– Monsieur Ferrari, de toutes les victoires que vos voitures et vos pilotes ont gagnées, laquelle aimez-vous le plus?

– Celle que nous n'avons pas encore gagnée.»

Rappelons enfin que Ferrari publia un livre à compte d'auteur, *Il Flobert*, dans lequel il décrivit à sa manière les journalistes italiens les plus en vue, leur façon de travailler et leurs défauts. Féroce…

Jean-Louis Moncet

Objets d'art, de passion et de spéculation

«Une couleur, le rouge, le vrombissement d'une douze cylindres, l'évocation de la courbe d'une carrosserie. Le mythe de la Ferrari…» Un mythe qui suscite l'engouement d'un public large et divers : passionnés des circuits, amateurs des manifestations, collectionneurs qui se regroupent en clubs et même spéculateurs.

Objets d'art

Florence

A plusieurs reprises, les Ferrari ont été le thème de manifestations artistiques. Rappelons, ici, l'entrée du modèle «Cisitalia» signée Pininfarina dans les collections permanentes du Musée d'Art moderne à New York comme exemple de «sculpture en mouvement». En 1987, la Fondation Cartier, à Jouy-en-Josas, accueillit une importante exposition. En 1990, à Florence s'est déroulé une grande rétrospective : «L'Idée Ferrari», où les plus beaux modèles ont été exposés en plein air au Forte Belvedere, la terrasse qui surplombe la ville. Ici, un extrait de la préface du catalogue.

Nous avons choisi comme titre «L'Idée Ferrari» car il y a toujours eu derrière le nom dc l'entreprise une très forte idée maîtresse, qui telle une boussole a guidé son extraordinaire développement.

Ce n'est pas par hasard que Ferrari fait partie de l'image établie de notre pays, car Enzo Ferrari a su représenter de façon exceptionnelle les vertus et les caractéristiques typiques de l'artisan-entrepreneur qui, tout en maintenant et valorisant la contribution de l'homme, réussit à exalter les technologies les plus sophistiquées.

Ferrari a su allier la créativité de la technique et du design, obtenant une fusion parfaite entre la fonction et la forme, ce qui en fait un produit «culturel».

Le tout développé avec cohérence et continuité dans un laps de temps permettant une comparaison avantageuse avec les autres constructeurs de voitures du monde entier.

C'est donc avec orgueil et satisfaction que nous voyons «L'Idée Ferrari» présentée dans un des décors culturels les plus prestigieux de notre pays, Forte di Belvedere de Florence.

Piero Fusaro,
Préface pour
Ferrari, Histoire et Légende,
Paris, Celiv, 1991

Objets de passion

Les «tifosi»

Amateurs passionnés entre tous sont les «tifosi», dont Jean-Philippe Domecq nous donne ici l'étymologie du mot. Italiens ou non, ils suivent les Grands Prix; ils soutiennent la Scuderia avec force drapeaux à l'effigie du «cavallino» et une ferveur parfois peu sportive, n'hésitant pas à quitter le circuit en cas de mauvais résultats…

La ferveur des *tifosi* lors des Grands Prix.

Notons la référence à la corrida. L'analogie avec le sport automobile, tauromachie mécanique, a souvent été faite. Roger Vailland montre que l'une et l'autre suscitent chez le public un même type d'engouement, à base de superstition et de rituel. C'est ainsi que les spectateurs intériorisent le phénomène de vitesse, spectacle à haut risque qui sollicite les nerfs et suscite tout un langage de l'inquiétude passionnée. Langage que Vailland décrit par brèves scènes, et qu'il résume en rappelant l'étymologie du mot *tifosi* : «Le mot vient de typhus. On a la course dans le sang, comme on a la typhoïde. Ça donne la fièvre.»

Jean-Philippe Domecq,
Ce que nous dit la vitesse,
Paris, Quai Voltaire, 1994

Les clubs Ferrari

Il existe de par le monde vingt-cinq clubs officiellement recensés et reconnus par Ferrari. Ils regroupent environ 40 000 adhérents qui sont le plus souvent des propriétaires de Ferrari, modernes ou bien de collection. Bien sûr, il ne faut pas confondre les clubs Ferrari avec tous les clubs de supporters ou clubs de *Tifosi* qui regroupent pour leur part des centaines de milliers d'adhérents, ceux que l'on voit migrer de circuits en circuits au long des grands prix de Formule 1, chaque saison.

Les clubs Ferrari sont un peu à l'image du Club Ferrari-France qui réunit trois cents membres. Ceux-ci se retrouvent mensuellement, ou bien à l'occasion de sorties touristiques et culturelles. Néanmoins, les réunions les plus prisées concernent toujours la visite d'un haut-lieu automobile «ferraristique» : par exemple, la visite de l'usine de production de Maranello, ou bien les ateliers de

Affichette du Club Ferrari France, créé en 1968.

Pininfarina. Une ou deux fois l'an, le club Ferrari-France organise également des sorties sur un circuit automobile : une bonne manière, étant donné la limitation de vitesses sur le réseau routier, de se livrer aux joies du pilotage.

Les conditions requises pour adhérer au club Ferrari-France sont : posséder une Ferrari et être parrainé par deux membres du clubs.

Jean-Louis Moncet

Les collectionneurs

Les grandes collections de Ferrari ont débuté au milieu et à la fin des années 1960. En dehors de tout esprit de spéculation, des amateurs ont aimé ces voitures et les ont collectionnées alors qu'elles ne valaient pas grand-chose, ou seulement le simple prix d'une voiture d'occasion dûment cotée.

Peu à peu pourtant, certaines sFerrari ont commencé à prendre de la valeur, à cause de leur beauté, de leur palmarès ou de leur rareté. De plus, le fait que des musées célèbres, comme le Museum d'Art moderne de New York, consacrent une place à Ferrari n'a fait qu'accentuer le phénomène de la collection. En réalité cependant, c'est la rareté des Ferrari célèbres qui a fait leur valeur. Les anciennes Ferrari n'intéressaient pas Enzo Ferrari et aucune politique de collection ni même de conservation d'anciens modèles n'était pratiquée à Maranello. Lorsque quelques collectionneurs ou quelques clubs venaient rendre visite à «l'ingeniere», il les recevait rapidement puis les congédiait avec un sourire amusé et une parole célèbre : «Vous êtes mon musée vivant.»

Il a donc fallu attendre le président Montezemolo pour que la maison Ferrari accepte de se consacrer un peu aux Ferrari de collection : c'est la force du mythe que Luca di Montezemolo a bien compris, en multipliant les opérations Ferrari de toutes sortes, la plupart du temps spectaculaires, et en célébrant fastueusement en 1997 à Rome le cinquantenaire de la première victoire de la marque. Ferrari est alors aidé par des collaborateurs occasionnels, comme Jean Sage, qui connaissent à fond le sujet, c'est-à-dire les voitures, leurs provenances, leurs propriétaires. Enfin, dans la connaissance du vaste patrimoine Ferrari, les ouvrages publiés par d'autres spécialistes sont précieux. Il s'agit notamment de Jess Pourret, dont l'ouvrage sur les 250GT est une bible, Antoine Prunet qui a bien distingué les Ferrari de course des Ferrari de route, ou bien encore Claude Vialard qui a participé à l'élaboration de la collection du Mas du Clos.

Les plus belles collections de Ferrari sont des collections privées. Les deux

Septembre 1997, les 250 GTO rassemblées en France pour leur 35e anniversaire.

plus fameuses dans le monde ont été constituées par Albert Obrist, à Gstaad – il s'agit de voitures ayant un palmarès inégalable – et par Pierre Bardinon en France, sur le circuit du Mas du Clos, situé dans la Creuse : de très belles voitures, joliment mises en valeur. La collection Obrist est désormais sous le contrôle de Bernie Ecclestone, le président de l'association des constructeurs de Formule 1.

Les autres grands collectionneurs sont Peter Sachs (Etats-Unis), Anthony Wang (Etats-Unis), Brandon Wang (Grande-Bretagne), Anthony Bamford (Grande-Bretagne), Beppe Luchini (Italie), Fabrizio Violati (Saint Marin), Yoshiro Matsuda (Japon). On peut aussi citer Paul Papallardo aux Etats-Unis, qui ne possède que quatre Ferrari, mais il s'agit de quatre voitures d'exception. Tous ces collectionneurs ont un point commun : ils possèdent tous une GTO 1962 ou 1964, c'est-à-dire la Ferrari de collection la plus chère. Ces voitures ont désormais valeur de placement, et un groupe industriel comme Samsung par exemple cherche en ce moment à constituer une collection de Ferrari en Corée.

D'autres collectionneurs ont réuni, outre des voitures, des collections d'objets ou de documentations concernant Ferrari : des *manichino*, c'est-à-dire des gabarits servant à élaborer des carrosseries, des trophées, des volants, des bouchons, des boules de leviers de vitesses, des écrous de roue, ainsi que toutes les publications de la maison Ferrari, des catalogues, des communiqués, des fiches techniques originales, des fiches descriptives, le compte rendu de toutes les courses des voitures officielles de la Scuderia. Jacques Swaters, en Belgique, et Didier Moreau, le président du Club Ferrari-France, possèdent de fort belles collections de ce genre.

Jean-Louis Moncet

Vente à Monte-Carlo en 1989, année de la flambée spéculative.

Paroles d'un collectionneur : Albert Obrist

Il y a d'autres bonnes voitures mais, pour moi, la Ferrari est la plus excitante. J'aime sa mécanique, sa complexité, son bruit. Tous les trois sont esthétiques et vous pénètrent dans la peau. Je savais depuis longtemps que je devais avoir une Ferrari. Une machine peut être une œuvre d'art. Vous avez la création, la technique, l'esthétique, l'efficacité. Certaines voitures offrent une combinaison exceptionnelle de ces éléments.

Mon but est de rassembler les Ferrari existantes les plus représentatives. Et cela est un gros travail comme n'importe qui peut facilement l'imaginer. Mais je me considère en vérité comme un simple gardien. Je ne me considère pas comme un collectionneur. Juste comme un gardien de celles que je suis en train de rassembler pour un certain temps. Puis, quand il le faudra, elles appartiendront à quelqu'un d'autre. J'aime également préserver les belles choses. Il arrive donc que je restaure des voitures sans avoir l'intention de les conserver mais pour les revendre. Je vends ou échange une voiture parce que je pense que quelqu'un d'autre peut l'utiliser mieux que je ne le fais. Ceci est pour moi beaucoup plus important que d'être en possession d'une collection aussi étendue que possible. Il est très stimulant de remettre en état un véhicule de manière optimale, fidèle à l'original, sans compromis. […] Il est en outre très important que l'on serve régulièrement de ses automobiles dans les conditions pour lesquelles elles ont été conçues. Je conduis mes voitures aussi vite qu'elles peuvent l'être pour cette raison, et je participe à des courses historiques.

«Tenter l'impossible»,
Interview d'Albert Obrist
par Christian Philippsen in *Ferrari*, 1987.

Objets de spéculation

Le mythe a un prix

Charles Pozzi, ancien pilote de la F 1 après-guerre, est l'importateur Ferrari en France depuis 1953. Il obtient l'exclusivité de la représentation en 1966. Pour lui, Ferrari sera toujours un mythe, et ce mythe a un prix.

Comprenez-vous le fétichisme qui s'attache à Ferrari?

C'est un mythe. J'enfonce une porte ouverte mais c'est la vérité. Commercialement, c'est un avantage. Nous ne démarchons pas les clients, ils viennent à nous. En outre, l'usine savait toujours distiller les livraisons de ses voitures.

Et ce mythe perdure auprès des jeunes générations?

En fait, c'est l'extraordinaire continuité sportive de Ferrari qui a consolidé le mythe au fil des années. Enzo Ferrari, qui savait s'entourer de brillants collaborateurs, était capable de lancer la conception et la réalisation d'une machine en trois mois, en se fondant sur son moteur V 12, devenu légendaire.

Alors ce mythe est-il indestructible?

Je le pense. Ce mythe résiste aux échecs, à la condition que cela ne dure pas trop longtemps. La passion exacerbée qui entoure Ferrari s'est transmise aux jeunes. Toutes les semaines, je reçois des lettres de jeunes Français en quête d'autographes ou de gadgets Ferrari. Ils sont captivés par le mythe sans être, pour autant, des acheteurs de Ferrari.

Vous voulez dire que le mythe a un prix?

Les Ferrari sont devenues chères. Dans les années 1960, une Dino valait 60 000 francs. Aujourd'hui, on attaque à 750 000 francs avec une berlinette 355…

Interview de Charles Pozzi
par Renaud de Laborderie,
Sport-Auto, août 1996

L'or rouge

L'engouement peut tourner à la déraison. Certaines Ferrari ont atteint des prix records dans les années 1980 avant de connaître une retombée. Elles ne demeurent toutefois accessibles qu'aux bourses bien remplies.

A l'évidence, dès qu'il s'agit de placements financiers, il est nécessaire de prendre garde aux flambées spéculatives. Les Ferrari, comme les autres voitures de collection, n'y ont pas échappé au cours de la fin des années 1980 où le vent de folie était tel que des spéculateurs rachetaient en sous-main des contrats d'achat de voitures… de série de l'année en cours. Ce marché s'est rapidement effondré, la raison a repris le pas sur l'absurdité, les puristes, les vrais, ont résisté.

A titre d'exemple, voici la courbe de prix de deux Ferrari de collection, la GTO qui est l'une des plus chères, sinon la plus chère, et la 25O GT 2+2 qui est l'une des plus courantes :
– 250 GTO. Prix d'achat en 1962 : 10 millions de lires. 1968 : 20 000 francs d'occasion. 1990 : 80 millions de francs. 1997 : 25 millions de francs.
– 250 GT 2+2. Prix d'achat en 1962 : 6 millions de lires. 1968 : 5 000 francs d'occasion. 1990 : 1,2 million de francs. 1997 : 200 000 francs.

Autre exemple, la cotation actuelle de quelques Ferrari de collection :
315 S ou 335 S : 15 millions de francs.
P3/P4 : 15 millions de francs.
250 GT châssis court : 5 millions de francs.
312 P : 10 millions de francs.
375 MM : 10 millions de francs.
500 F2 : 3,5 millions de francs.
166 MM : 6 millions de francs.
250 Testa Rossa : 12 millions de francs.
250 P : 15 millions de francs.
250 MM : 4 millions de francs.
375 F1 : 10 millions de francs.
275 GTB4 : 1,4 million de francs.
500 TRC : 3 millions de francs.
Spider California châssis court : 3,5 millions de francs.
F40 : 1,2 million de francs.
F50 : 2 millions de francs.

Jean-Louis Moncet

Le palmarès

Depuis 1951, date à laquelle Gonzalès remporte le Grand Prix de Grande-Bretagne pour la Scuderia, à 1997, où après une éclipse elle revient en première ligne avec les performances de Michael Schumacher : le palmarès impressionnant de Ferrari.

Championnat du monde des conducteurs et Championnat du monde de Formule 1

1952 Alberto Ascari, Ferrari 500 F2
1953 Alberto Ascari, Ferrari 500 F2
1956 Juan Manuel Fangio, Ferrari-Lancia D50
1958 Mike Hawthorn, Ferrari 246 F1
1961 Phil Hill, Ferrari 156 F1
1964 John Surtees, Ferrari 158 F1
1975 Niki Lauda, Ferrari 312 T
1977 Niki Lauda, Ferrari 312 T2
1979 Jody Scheckter, Ferrari 312 T4

Championnat du monde des constructeurs de Formule 1 (créé en 1958)

1961 Ferrari 156 F1 (pilotes P. Hill, Von Trips, Ginther, Baghetti, Mairesse)
1964 Ferrari 158 F1 (Surtees, Bandini)
1975 Ferrari 312 T (Lauda, Regazzoni)
1976 Ferrari 312 T2 (Lauda, Regazzoni, Reutemann)
1977 Ferrari 312 T2 (Lauda, Reutemann, Villeneuve)
1979 Ferrari 312 T4 (Scheckter, Villeneuve)
1982 Ferrari 126 C2 (Villeneuve, Pironi, Tambay, Andretti)
1983 Ferrari 126 C3 (Tambay, Arnoux)

500 F2. Alberto Ascari, Grand Prix d'Allemagne.

375 Plus. Umberto Maglioli. Carrera Mexico.

315 S. Piero Taruffi. Mille Milles.

156 F1. Phil Hill. Grand Prix de Belgique.

250 P. Lodovico Scarfiotti/Lorenzo Bandini, 24 Heures du Mans

2. Alberto Ascari. Grand Prix des Pays-Bas.

801. Juan Manuel Fangio. Grand Prix d'Allemagne.

'esta Rossa. Peter Collins/Phil Hill. 1 000 Km de Buenos

'Ri 61. Olivier Gendebien/Phil Hill. 24 Heures du Mans.

'1. John Surtees. Grand Prix d'Allemagne.

1953

340 **Millemiglia**. Gianni Marzotto. Mille Milles.

1956

290 **Millemiglia**. Eugenio Castellotti. Mille Milles.

1960

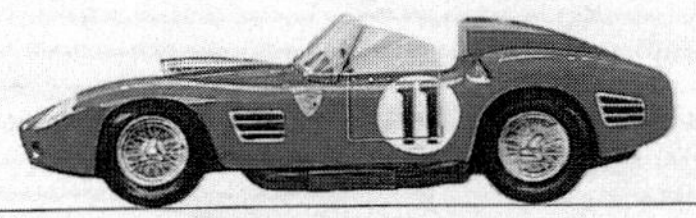

250 TR 60. Olivier Gendebien/Paul Frère. 24 Heures du Mans.

1962

250 GTO. Phil Hill/Olivier Gendebien. 12 Heures de Sebring.

1964

275 P. Lodovico Scarfiotti/Nino Vaccarella. 1 000 Km du

Sport, Prototype, GT ou Formule 1, Ferrari n'a pas manqué une seule saison sportive depuis ses origines, en 1947. Ici et pages suivantes, les 24 Ferrari championnes du monde, à partir de l'instauration du premier Championnat mondial.

Championnat du monde des marques (courses d'endurance, voitures Sport, Sport-Prototype et Grand Tourisme)

Jusqu'à son retrait officiel fin 1973, Ferrari a remporté ce championnat, grâce à ses voitures d'usine et grâce à ses voitures compétition-clients, en 1952, 1953, 1954, 1956, 1957, 1958, 1960, 1961, 1962, 1963, 1964, 1965, 1967 et 1972.

Dans cette discipline, les Ferrari se sont imposées :

- 4 fois aux 24 heures de Daytona
- 4 fois aux 12 heures de Reims
- 7 fois à la Targa Florio
- 8 fois aux 1000 Milles
- 9 fois aux 24 Heures du Mans
- 10 fois aux 12 Heures de Sebring

Grands Prix comptant pour le championnat du monde (de 1950 jusqu'à 1996)

Afrique du Sud
1971, Andretti. 1976, Lauda.
1977, Lauda. 1979, Villeneuve.

Allemagne
1951, Ascari. 1952, Ascari. 1953, Farina.
1956, Fangio. 1959, Brooks. 1963, Surtees.
1964, Surtees. 1972, Ickx.
1974, Regazzoni. 1977, Lauda.
1982, Tambay. 1983, Arnoux.
1985, Alboreto. 1994, Berger.

Argentine
1953, Ascari. 1956, Fangio/Musso.

Australie
1987, Berger.

Autriche
1964, Bandini. 1970, Ickx.

Belgique
1952, Ascari. 1953, Ascari. 1956, Collins.
1961, P. Hill. 1966, Surtees. 1975, Lauda.
1976, Lauda. 1979, Scheckter.
1984, Alboreto. 1996, Schumacher.

Brésil
1976, Lauda. 1977, Reutemann.
1978, Reutemann. 1989, Mansell.
1990, Prost.

250 LM. Jochen Rindt/Masten Gregory. 24 Heures du Mans.

312 T. Clay Regazzoni. Grand Prix d'Italie.

312 T4. Gilles Villeneuve. Grand Prix des États-Unis/Ouest.

Canada
1970, Ickx. 1978, Villeneuve.
1983, Arnoux. 1985, Alboreto. 1995, Alesi.

Espagne
1954, Hawthorn. 1974, Lauda.
1981, Villeneuve. 1990, Prost.
1996, Schumacher.

Etats-Unis Est
1975, Lauda. 1978, Reutemann.
1979, Villeneuve.

Etats-Unis Ouest
1976, Regazzoni. 1978, Reutemann.
1979, Villeneuve.

France
1952, Ascari. 1953, Hawthorn.
1956, Collins. 1958, Hawthorn.
1959, Brooks. 1961, Baghetti. 1968, Ickx.

Lorenzo Bandini/Chris Amon. 1 000 Km de Monza.

1972

312 PB. Mario Andretti/Jacky Ickx. 1 000 Km de Brands Hatch.

. Niki Lauda. Grand Prix de Monaco.

1977

312 T2. Niki Lauda. Grand Prix d'Allemagne.

. Didier Pironi. Grand Prix des Pays-Bas.

1983

126 C3. René Arnoux. Grand Prix d'Allemagne.

1975, Lauda. 1990, Prost.
Grande-Bretagne
1951, Gonzalès. 1952, Ascari.
1953, Ascari. 1954, Gonzalès. 1956, Fangio. 1958, Collins. 1961, Von Trips.
1976, Lauda. 1978, Reutemann.
1990, Prost.
Hongrie
1989, Mansell.
Italie
1951, Ascari. 1952, Ascari. 1960, P. Hill.
1961, P. Hill. 1964, Surtees. 1966, Scarfiotti.
1970, Regazzoni. 1975, Regazzoni.
1979, Scheckter. 1988, Berger.
1996, Schumacher.
Japon
1987, Berger.
Mexique
1970, Ickx. 1990, Prost.
Monaco
1955, Trintignant. 1975, Lauda. 1976, Lauda. 1979, Scheckter. 1981, Villeneuve.
Pays-Bas
1952, Ascari. 1953, Ascari.
1961, Von Trips. 1971, Ickx. 1974, Lauda.
1977, Lauda. 1982, Pironi. 1983, Arnoux.
Portugal
1989, Berger. 1990, Mansell.
Saint Marin
1982, Pironi. 1983, Tambay.
Suède
1975, Lauda.
Suisse
1952, Taruffi. 1953, Ascari.

BIBLIOGRAPHIE

- Jean-Philippe Domecq, *Ce que nous dit la vitesse*, Quai Voltaire, 1994.
- Enzo Ferrari, *Piloti, che gente*, Conti Editore, Fondation Cartier pour l'Art contemporain, 1987.
- Giovanni Lurani, *Les 1000 Milles*, Edita.
- Corrado Millanta, Luigi Orsini et Franco Zagari, *Ferrari Automobili 1947-1953*, Editoriale Olimpia.
- Giannino Marzotto, *La Ferrari alla mille miglia*, Edizione di Autocritica.
- Christian Moity et Jean-Marc Tesseidre, *Les 24 Heures du Mans*, ACO.
- Luigi Orsini et Franco Zagari, *La Scuderia Ferrari 1929-1939*, par Editoriale Olimpia.
- Antoine Prunet, *Ferrari, sport et prototypes*, Editions Presse Audiovisuel, 1983.
- Antoine Prunet, *Les Ferrari de route et de rêve*, Editions Presse Audiovisuel, 1986.
- Antoine Prunet et Peter Vann, *Fantastiques Ferrari*, Editions Presse Audiovisuel, 1987.
- Johnny Rives, *Ferrari, formule record*, Solar, 1997.
- Hans Tanner avec Doug Nye, *Ferrari*, Foulis et Haynes Publishing Group, 1979.
- *Alfa-Romeo*, par Paolo Altieri, Giovanni Lurani et Marco Matteuci, Automobilia.
- *L'Anteprima Ferrari*, par Franco Varisco, Ferrari World.
- *Ferrari F1*, par Enrico Benzing, Automobilia.
- *Ferrari et Pininfarina*, par Gianni Rogliatti, Ferrari Story.
- *Ferrari raconta*, par Pino Allevi, La Gazzetta dello sport.
- *Le Mi Gioie terribili*, par Enzo Ferrari, édition limitée, 1974.
- *La Panaméricaine*, par Adriano Cimarosti, Automobilia.
- *Obiettivo Cavallino*, par Franco Varisco, Ferrari Editrice.

TABLE DES ILLUSTRATIONS

CHAPITRE II

CHAPITRE III

TÉMOIGNAGES ET DOCUMENTS

INDEX

A

B

C

D

Ferrari

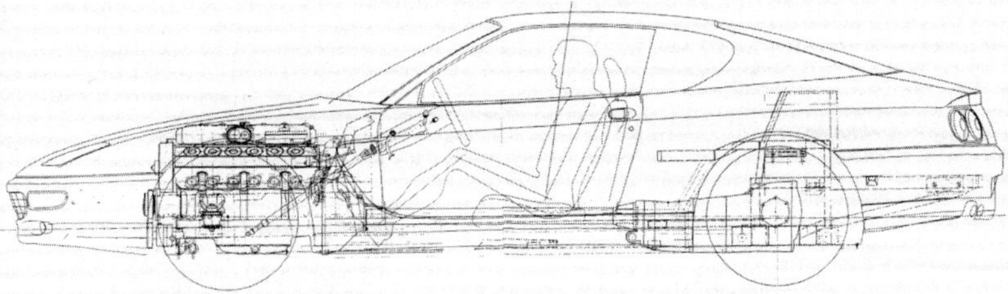

CRÉDITS PHOTOGRAPHIQUES

Bernard Asset, Paris 1, 5, 6, 9, 59h, 78. Automedia/G. Levent 23, 34. Serge Bellu 86-89. DPPI 4, 38, 53, 54, 54-55h, 55, 56, 58, 59b, 60, 61. Documentation Ferrari/D.R. 11, 15, 16h, 20-21, 21, 28b, 41d, 42h, 52b. Documentation Ferrari/© Giuseppe Busso 25. DPPI/Serge Foulon 47h. DPPI/Eric Vargiolu 35h. D.R. 12, 13h, 14-15h, 14-15b, 19h, 30, 32-33h, 33, 37, 43d, 50, 50-51h, 63h, 79, 80. Ferrari Dos, 39, 62, 72, 76, 77, 95. Gamma 57b. Gamma/AGF/Modica 57h. Gamma/Felici 51. Gamma/Loubat 81. Gamma/Olympia 2e plat, 16b, 31, 32, 42b, 43g, 66. Gamma/Enzo Signorelli 63b. Keystone 22, 29, 36h, 36b, 41g. Magnum 10. Magnum/H. Gruyaert 84. Magnum/Publifoto 28h, 30-31b, 65, 70. Magnum/M. Riboud 7, 44d, 45. Alberto Martinez, Paris 34b, 35m, 35b, 46, 47b, 48, 48-49h, 49, 64, 83. Valerio Moretti 26-27. Archives Pininfarina/D.R. 40-41. Roger-Viollet 19b. Sygma/John Bryson 2. Sygma/Fabian 52h. Sygma/Franco Origlia 44g. Sygma/Raymond Reuter 56-57h. Vandystadt 3. Peter Vann 1er plat. Franco Zagari, Bologne 13b, 14, 17, 18, 20, 24, 24-25h, 24-25b, 40, 69.

REMERCIEMENTS

L'auteur et les Editions Gallimard remercient Pierre Bardinon, Bernard Decré, les Archives et la Direction de la communication de Ferrari, Antonio Ghini, Daniel Marin, Frédéric Morvan, Antoine Prunet, Jean Sage, Jean Todt et la rédaction de *Sport-Auto*.

ÉDITION ET FABRICATION

DÉCOUVERTES GALLIMARD

DIRECTION Pierre Marchand et Elisabeth de Farcy.

GRAPHISME Alain Gouessant.

DIRECTRICE DE LA RÉDACTION Paule du Bouchet.

FABRICATION Claude Cinquin.

PROMOTION & PRESSE Valérie Tolstoï.

LA MAGIE FERRARI

EDITION Michèle Decré et Julie Wood. MAQUETTE Valentina Lepore (Corpus), Christophe Saconney (Témoignages et Documents). ICONOGRAPHIE Any-Claude Médioni.

LECTURE-CORRECTION François Boisivon et Catherine Lévine.

PHOTOGRAVURE Arc-en-Ciel.

Table des matières